〈教育力〉をみがく

家本芳郎

寺子屋新書
007

〈教育力〉をみがく●目　次

第1章

教師の〈教育力〉

1 教育するということ

力量には差がある

〈教育力〉は学校の専売特許のように思われているが、家庭や世間のしつけはむろんのこと、父母や地域の人々の生き方も、〈教育力〉を発揮している。地域の人がお年寄りに親切にふるまう様子をみれば、その姿から感銘を受ける。また、テレビなど、マスコミのもつ力は強い影響力を与えている。

物だって、ときに、その力を発揮する。運転中、パトカーをみれば、急いでシートベルトを確認したり、スピードをゆるめたりする。事件や犯罪さえも半面教師として、〈教育力〉を発揮する。

さらに、文部科学省の教育政策、国の政治のあり方も、ひとつの規範を示すことで強い〈教育力〉を発揮している。

こうみていくと、〈教育力〉は広い意味をもっていることがわかる。

ここでは、学校の教師の〈教育力〉に限定してとりあげようと思う。

朝礼のとき、いろいろな教師が朝礼台に立って全校の子どもたちに話をするが、教師によって、子どもたちの態度がかわる。

A先生が立つと、子どもたちはおしゃべりをやめ、ニコニコした笑顔になって集中する。B先生が立って話をはじめると、子どもたちのおしゃべりはますます激しくなる。C先生が立つと、子どもたちはおしゃべりをやめ、顔をこわばらせて緊張し、水をうったように静まり返る。

教師によって子どもたちの態度がかわるのは、「この学校の子どもの質が悪いからだ」という先生もいるが、わたしはそうは思わない。もし、そうだとすればとすれば、どんな教師が立って話をしてもおしゃべりはやまないはずだ。

しかし、ある教師が話すと、おしゃべりがやみ集中するのだから、「子どもの質」ではなく、話す教師の力量に差異があるということだ。そういう力量を〈教育力〉という。

〈教育力〉の三つの力量

教師の仕事は「教育」だから「教育する力」を必要とするが、どういう力なのだろうか。理論的にこれを説明しようとしたら、ソクラテスから説きおこさなくてはならないだろう。わたしは、教師だったから、現場感覚で簡単にいえば、「感化する力」「影響力」である。

もっとも、「影響力」には、B先生のように、マイナス作用もあるから、A先生のような「肯定的な影響力」「プラスに作用する影響力」をいう。

では、肯定的な影響力とは、具体的にどういう力をいうのだろうか。人によっていろいろな定義があるようだが、わたしは、指導の力・人格の力・管理の力だと考えている。

たとえば、「あの先生が担任になったら、子どもがよく勉強するようになった」。

これは「指導の力」があるという評価である。指導とは「すすんで、やろうという気持ちにさせること」で、そのはたらきかけを指導という。

教師が子どもにはたらきかけて、子どもがすすんで勉強するようになったとしたら、「指導に成功した」といえる。逆に、教師がはたらきかけたにもかかわらず、子どもが勉強しなくなったら、「指導につまずいた」「指導に失敗した」ということになる。

人格の力とは「子どもが、今度の先生が大好きで、学校へ行くのを楽しみにしている」というような例。子どもに慕われるのは「人格の力」による。「人格の力」とは、子どもに好かれ、信頼され、尊敬される力である。

最後は、「子どもの生命を守る強い力」、これが「管理の力」である。

近年、この「管理の力」に陰りが生じてきている。というのは、教師の力だけではカバーしきれなくなってきたからだ。

今日の学校は、人命の危機が潜在している。いつどのような形で現実化されるか不透明である。しかし、教師の力の及ぶかぎり、子どもの生命を守らなくてはならない。その力が「管理の力」である。

教師は、だいたいこの三つの力を駆使して子どもたちを教育している。教師の〈教育力〉という場合、この三つの力量をさしているといってよいだろう。

以下、三つの力について、その概略を説明してみよう。

2 指導の力量

「道をちょっと指で示す」

このごろ、指導という言葉にかわり、「支援」という言葉を使うようになった。たしかに「指導」という言葉は汚れてきている。

というのは、「指導＝注意」としている例が多いからだ。「指導してください」といわれると「注意」している。子どもに注意するのはいい。ひとこと注意したら、すぐにやめたとしたら、こんな簡便で効率的な指導はない。

しかし、近年、ひとことふたことの注意では、子どもがいうことをきかなくなった。そのとき、注意以外の方法で指導すればいいのだが、ほかの方法を知らないから、注意を強化することで、指導を徹底させようとなった。「くり返し注意する」「大声で注意する」「脅しをつけ加えて注意する」「罰を加える」……。

だが、「遠足につれていかないぞ」「親を呼びだすぞ」「内申書を書かないぞ」「卒業させないぞ」と脅かした場合、そうされたら困る子どもはいうことを聞くが、「卒業なんてしたくねえ。留年させせろ。おれが留年したら、おまえが困るんじゃねえのか」と開き直られたら、注意による指導はゆきづまってしまう。

だから、二回くらい注意して、効果がなかったら、別の方法に切り替えて指導しなくてはならない。ところが、明治以来、学校は聖域であり、教師は「先生様」だったから、指導＝注意すれば、みんないうことをきいてくれた。だから、注意以外の手法で指導する思想や技術が発達せず、今日、なお、その欠陥を引きずっているというわけだ。

したがって、指導という言葉は、たしかに「血まみれ」ではあるが、わたしは、「指導」を再生し、この言葉をもって、教育したいと考えてきた。「指導」とは「道をちょっと指で示す」という意味があるからだ。

忠告も指示も反論も、挑発や自傷さえ「指導」の方法

指導はきわめて多様である。あらゆることが指導として成立する。無作為に辞書を引いて、

でてくる言葉はすべて指導の方法である。

暗示する。愛する。脅かす。育成する。演示する。援助する。殴打する。挑発する。自傷する。忠告する。泣く。説得する。命令する。指示する。合意する。反論する。

これらは、すべて指導の方法で、実際には、そのいくつかを組み合わせ、変奏させて、指導を成立させている。

なかに「えっ」と一見びっくりするものもある。「挑発」などそうである。挑発とは辞書的には「相手を刺激して感情・欲望をそそること」の意味だが、じつは指導ではよく使われる。

たとえば、「これ、できるかな。高校生のとりあげる曲だぞ。これがやれたらたいしたもんだが、まあ、無理だろうな」そういうと、「できるさ」「無理じゃないよ、やろうよ」と意欲を示す。挑発は、子どものもっている力を奥底から引きだすときや、困難な課題への挑みかかりを情動的につくりだすときに用いられる。

また、なかなかおもしろいものもある。「自傷」である。これは自分を傷つけることで指導を貫こうという方法だ。

明治期、ある教師が、子どもたちが悪いことをするとムチを持って教室に行き、「諸君が悪いことをしたのは、わたしの不徳のいたすところだ。申しわけない」といって、ムチでわが手をさんざんに叩いた。すると、子どもたちは、「先生、おやめください。わたしたちが悪うございました」と涙を流してとどめ、「これからまじめにやります」と誓ったという。

この方法は、今日でも受けつがれている。野球の試合に負けた監督が坊主になって、みそぎをするなど、この例である。子どもたちは、監督の坊主頭をみて「並々ならぬ決心」を察知し、いっそう練習に励む、といった例である。口で説教するよりずっと効果がある。

指導の一つひとつについて細かくふれられないが、最初にでてくる「暗示する」といっても、権力的な暗示、宣伝による暗示、くり返しによる暗示、不安をかきたてての暗示など、いろいろある。どのひとつをとってみても、その内容は深い。

しかも、あちらでうまくいったからといって、こちらでうまくいくものではない。子どもが悪いことをしたらムチでわが手を叩いて反省させた話をまねてやったからといって、いまの子どもたちが「悪うございました」と涙を流すかどうか、疑問である。「もっとやれ！」といったり、なかには「先生、かわりに叩いてやろうか」といいだしたりする子もいるかもしれない。

かつて「泣く」ことも指導のひとつで、教師が泣くと「しまった」と子どもたちに思わせ

「悪いことをした」と反省させたが、このごろでは「おもしろい。また泣かせてやろう」と悪さをし、「わっ、泣いた。泣いた」と喜んでいるようになって、「泣きの指導」は流行らなくなってきた。

また、タバコを吸った子どもに耳元で「タバコ、やめたほうがいいぞ」とささやくように忠告したら、深く恥じ入った、という話をきいたある教師が、同じようにやってみたが、うまくいかなかった。

ささやくように忠告するという方法がまちがっていたわけではない。指導にはTPOがある。子どもの状況にあわせてもっとも有効な指導をするように心がけなくてはならない。そのためには、指導の複雑多様な世界を知ることである。

このことについては、二、三章で、さらに詳しく触れるつもりである。

指導の基本は「説得」にあり

指導にはいろいろあるが、そのなかでもっとも中心をなすのは、「説得」である。というのは、子どもが「なるほど」と心から納得して「やろう」とする、これが指導だからである。

「いじめはやめよう」と教師が指導したとき、子どもたちが心から「そのとおりだ。いじめはよくない。やめよう。やめさせよう」とならなければ、いじめはなくならない。すなわち、教師の指導は成功しない。

教師は、そのことがよくわかっているので、無意識のうちに、

「……ということで、いじめはやめよう。わかったかな」

という。この「わかったかな」は、納得の同意を求めているのである。授業でもしばしば「わかったかな」と聞く。この「わかる」ようにすることが説得である。言葉によって説得し、理解を求めるのである。

説得だから反論できる

説得は、指示・命令と違う。命令には有無をいわさずにしたがわせるという強い意思がこめられている。しかし、説得は、説得されるほうの質問・意見・反論を保障している。

「学校の帰りに買い食いしてはいけない」と指導する。と、子どもが質問する。

「なぜ、いけないの」

このとき「うるさい。文句いうな」「学校がだめといったらだめなんだ」こう応ずるのは説得とはいわない。説得するときは、質問されたら、答えなくてはならない。

「みっともないからだ」

「じゃあさ。歩きながら食べなきゃいいんでしょ。店の中で食べるのならいいんだよね」

こういう修正案をだしてくる。説得にさいしては、こういう修正する権利も認めている。

こうして、子どもの修正意見、教師の説明、子どもの反論、教師の意見、このやりとりの末に最後に、子どもが「なるほど、そうなんだ。わかった。下校時の買い食いはやめよう」と納得する。これが説得である。

指導が成立しないのは、教師だけがそうしたいと思っていても、子どもたちがそう思わないことが多いからだ。たとえば、「ルーズソックス禁止」は全国共通の指導項目になっているが、この指導に成功している学校はない。それは、子どもが納得していないからだ。

それは、教師の説得がへただからだろうか。そうではないだろう。この場合は、説得しようと思っていることがまちがっているのである。

「カラスは白い」といくら説得しても、子どもは納得しない。正しくないからだ。正しいことならかならず説得できるはずだ。なぜなら、教師は知性のかたまりである。しかも、学校教職員全員の知恵をあわせて説得するのだから、知性の大かたまり、説得できないはずはない。相手はたかが、十代の子どもである。

むろん、子どもたちも反論するが、説得し尽くすのである。それが「きびしい指導」ということである。

もし、説得できなければ、説得しようとすることがまちがっているわけで、すなおに引き下がるしかない。

指導は説得だけではないが、子どもにどう納得させるのか、そのことが強く問われている。

3 人格の力量

指導は人格をとおして発動される

わたしの教え子に部活教師がいる。野球部の顧問だが、「力技《ちからわざ》」で指導している。指導力はゼロである。ところが、部員たちには好かれている。好かれているので、「力技」の指導も成立している。よくこんな教師に子どもたちはついていくなと思ってみているが、部員たちはめげずについていく。

この逆の教師もいる。とてもじょうずに、ていねいに親切に指導しているのだが、指導が成立しない。子どもたちにきらわれているからだ。

指導は教師の人格をとおして発動されるから、人格の力がないと指導は成立しないのである。

人格の力とは、子どもに「好かれる」ことである。さらに、欲をいえば「信頼される」「尊敬される」ことである。

子どもに好かれ、信頼され、尊敬される力、これを人格的力量という。「りっぱな先生」だとして尊敬されるのは、その人格的力量によって、子どもを魅了しているからだ。

子どもに好かれていると、指導が入る。好きな先生がいうのだから、子どもはしたがいたくなるのである。

もともと子どもは先生が好きなのである。なぜなら発達可能性としての子どもにとって教師は自分の発達をうながし、育ててくれる人だからである。自分を成長させてくれるはずの人をきらいになるはずはない。小学校一年生のときは、全員「先生が好き」である。

にもかかわらず、好かれない教師がふえてきたのは、子どもの成長を抑えて、発達可能性の芽を摘んでいるからである。伸びようとする力を抑え、その芽を刈り込み、教師のつごうのよいほうへとむりやりに引っぱって型にはめこもうとするからである。

子どもにきらわれたら、どんな正しい指導も入らない。反対に、先生が好きだと、その教科まで好きになる。国語のきらいだった子どもが、「いい先生なので、国語が好きになり成績もよくなった」というようにである。好きな先生は、子どもにとっては「いい先生」なのである。

子どもに「いい先生」と思われていれば指導は入る。多少まちがえても、子どもはいうことをきいてくれる。じつは説得が功を奏するのも先生が好きだし、信頼しているからである。もし、きらいな先生が説得したら、子どもたちは、屁理屈を述べて説得に応じないこともおこってくる。

教師は子どもに好かれ、信頼され、尊敬されなければならない。ムチでわが手を叩いた教師を、子どもたちが「やめてください。ぼくたちが悪うございました」と泣いて押しとどめたのは、子どもたちが教師を尊敬していたからである。これが、きらわれている教師だったら、どうなっただろうか。

つまり、教師の指導は、子どもに好かれ信頼され、尊敬されるという人格的力量によって成立しているのである。

人格的力量の基本は「ほめる」こと

教師の人格的力量を考えるには、子どもはどんな教師が好きかを問うことである。子どもに好かれ信頼され尊敬される教師に共通しているのは、「ほめる力」である。

「ほめる」は、子どものなかに眠っているよいもの・美しいもの・正しいものを発見し、それを肯定的に評価することである。

ほめることとは、自分のなかの発達可能性をとりだし、認めてくれることである。また、子どもは子どもなりに誇りをもって生きている。その誇りを美点として認めてほめてくれたわけである。だから、好意をいだくようになる。

ついで、子どもは、自分について不完全な認識しかもっていない。自己中心的だから、客観的に自分をとらえきれない。ところが、教師にほめられると「へえ、自分には、そういうよいところがあったのか」と驚き、自分を再発見し、その能力をさらに伸ばそうと努力する。そして、自分では気がつかなかった自分の可能性を発見し、自覚させてくれた人に好意をいだくようになる。

ほめることで好意をいだかれるのは、この二つの理由からである。

この理由とかかわって、とりわけ今日の子どもたちのおかれている状況を考えると、「ほめる」ことがいっそう重要になってきている。

子どもたちは、学校という集団のなかで生活している。だから、ほかの子どもと比較し、その差異だけがめだち、とりわけ自分の劣性だけに目がいき、劣等感にさいなまれている。

そういうとき、「きみには、こんないいところがあるんだよ」と、ほめてくれると、自信がわいてきて、先生が好きになる。

この、ほめる力は、教師にとって重要な力である。教師の基本的な力量である。子どものなかに、つねに汚れたもの、悪いもの、正しくないものしか発見できないものは、教師失格といえよう。

4 管理の力量

「子どもの生命を守る」が管理の基本型

管理主義はよくないというあまり、まちがえて管理まで否定してはならない。教師は管理しなければならないし、その力を十分にもっていなければならない。

たとえば、朝、学級へ行って、だれが欠席しているか、子どもたちの健康状態はどうかなどと調べ、把握しておくのは「管理の力」である。「だれが欠席しているかわからない」ということでは、教師失格である。人数を調べ確認し出欠席簿に記入するといった調査・記帳は、教師ならだれでももっていなければならない管理の力である。

なぜなら、教師は、子どもの生命を預かり、これを保護しているからである。

授業がはじまったとき、最初に出欠席の確認をするのは、そのためでもある。一人いないことも知らずに授業をはじめたのでは困る。また、修学旅行に連れて行って、「駅のプラットホームに一人残して帰ってきてしまった」でも困る。百人引率していったら百人そっくり連れて帰らないといけない。

そういう管理の力の基本型は「制止」である。やめさせる力である。

制止は「子どもの生命を守る」ために必要な教師の管理力なのである。

たとえば、子どもが窓から身をのりだしているといったような場合、あるいは、大げんかしていて、これ以上させると大けがをするという場合など、「やめろ」といってやめさせる。

しかし、教師が「やめろ」といっても、やめないとすればどうだろうか。子どもの生命は守られない。だから、教師は「やめろ」という言葉のなかに、その行為をただちにやめさせる力をもたなければならないのである。

「やめろ」が成立する条件

管理主義教育では、教師が「やめろ」というとき、やめないと罰があってこわいからやめる。しかし、たとえば恐怖によっておしゃべりをやめさせるならば、こわくなければやめないことになる。そうではなく、「指導の系列」のなかで、やめさせるのである。

そのことを考えるには、子どもはどのようなときに、教師の制止によってただちにその行為をやめるのか、をみてみたい。なぜ「やめろ」の教師のことばにすなおにしたがうのか、である。

①「やめろ」ということが正しい場合

ただし、子どもにとって正しいことでなくてはならない。たとえば、学校の一方的な規則でなく、子どもたち自身も支持し、納得して賛成したことである。あるいは、そういう手続きはとらなかったが、生命に危険だということがわかるし、人間普遍のモラルに反することだと知っている場合。

②「やめろ」「やめなさい」のことばに力があったとき

ハッとしてやめる、ハッと我にかえってやめる、つまり、教師の「やめろ」が切迫感をもって、容易ならざる事態だと直感的に認識せしめたときである。

とすると、教師はそのような言語表現ができなくてはならない。状況にあった「やめろ」「やめなさい」が子どもの心に通るように表現できなくてはならない。

教師ほど言語表現の力が必要な職業はない。ＮＨＫのアナウンサー以上である。アナウンサーは、かなり訓練を受けるそうだが、教師には、それ以上の訓練が必要なのに、教員養成課程にはない。ほんとうはマイクなしで千人ぐらいの子どもを動かせなくてはならないし、また、「お話」をすることで、子どもたちの涙をしぼるほどに感動をあたえることができなくてはならないのに。

だから、話し方について、自覚的に自らを育てようとしないと、いつまでたっても身につかない。話し方の弱い、声の小さい、おどおどした声の教師は、子どもたちにまっ先にバカにされる。学級つくりや授業が成立しない教師に、この弱さをもつものが多い。

よく「やめろ」「やめなさい」は、十三通りのニュアンスで表現できる技量がほしいといわれる。十三という数字がどこからでてきたのかわからないが、多様な場に応じた表現という意味だろう。

③これまでに、説得などを含む正しい指導を受けてきた実績のあるとき

これは①と関連するが、これまでの正しい指導の貯金が、やめさせるのである。やめたあと、先生はかならず正しく指導してくれることがわかっている。たとえば、「おれたちのいいぶんもちゃんときいてくれる」だから「やめよう」となる。

④「やめろ」といった教師が、好きな、信頼している教師の場合

好きな先生、信頼する先生が「やめろ」といったのだから、「やめよう」となる。

以上四つの場合、あるいは、それが複合化して、制止が効を奏する。

ところが、管理教育では、子どもの支持・承認を得ていない内容を、説得もせず、さらに指導の貯金もなく、おまけに、きらいな教師がただ威嚇的に「やめろ」という。子どもが頭にくるもの当然だ。いまはこわいからしかたなくいうことをきいているが、なにかの拍子に、恐怖のタガがはずれれば、「やめろ」はまったく通用しなくなり、はては学級崩壊や校内暴力に発展する。

だとすると、教師の管理の力は、指導の力、人格の力を背景にして、はじめて成立することがわかる。管理の力だけでは、子どもたちを管理できないのである。

以上、まとめると、教師は、管理・指導・人格の、この三つの力をもたないといけないということである。どのひとつを欠いても教育は成立しないことがわかる。

第2章

指導には手順がある

1　鵜呑みにしないこと

準備・手続き・すじみちが大切

さて、教師の〈教育力〉としての管理・指導・人格の力を身につけたとしても、ただちに指導が成立するとはかぎらない。なお、いくつかの難関をクリアしなければならない。

教師が「指導しよう」と、その必要を感じるのは、大きく六つの場合がある。

①自身が遭遇する子どもたちの問題行動である。授業に行くと、子どもたちが席につかないで騒いでいるというようなとき。

②子どもたちが解決を訴えてきたとき。「山田君がそうじをやってくれません」

③保護者から指導を要請されたとき。「うちの子は勉強しないんで困るんです。勉強するよ

うに、いってください」

④ほかの教師から「廊下を走らないように学級担任はよろしくご指導ください」と要求されたとき。

⑤自分の校務分掌上から、指導の必要を感じたとき。学校図書係として「本の破損がめだつ。大事にあつかうように指導しないといけないな」というとき。

⑥そのすじから要請されたこと。教育委員会から「下校時の子どもの安全をはかるように」と通達があったようなとき。

こういうとき、教師は指導の必要を感ずる。だが、感じたからといって、すぐに指導すると失敗する。というのは、指導には準備があり、手続きがあり、すじみちがあるからだ。

たとえば、朝の職員のうちあわせで、給食係の教師から「給食の残量が増えていますので、残さないように学級担任はよろしくご指導ください」と要請されたとする。

この要請は、先の六つの場合の⑤のようにみえる。給食係という校務分掌上から、「子どもたちにもりもり食べてほしい」と考えたのだろう、と。

だが、そうではなかった。実際は⑥だった。町の給食センターからの指導があって、「残量が多いのは給食係の怠慢」として評価されることを恐れたからである。

学校の指導には、いろいろ裏のあることがわかる。だから、「指導してください」といわれたことを鵜呑みにしてはならない。なにごとも、疑ってみることはだいじだ。「これが正しい指導の要請かどうか」と、とらえ直すことである。

この場合、わたしが学級担任だったら、給食の残量が増えてきたのは、一つは、子どもたちの食の嗜好にあわず、「おいしくないからではないか」と考える。二つは、それとも子どもたちの健康状態になにか異変かおこっているかどうかを考える。まさか、学校の近くに新設された携帯電話基地局の高周波電磁波の影響ではないか——。

前者だったとすれば、給食係の教師に、一つは、献立や調理法を再検討してもらわなくてはならない。二つは「これを食べると、こんな力がつく」といった情報を紹介してもらい、子どもたちの食べる意欲を高める。三つは保護者懇談会のとき、話題にとりあげる。

そんなことをしてみる。これが指導ということで、給食係の要請を鵜呑みにして子どもたちに「残すな」と強く臨むことではないだろう。

指導にも教材研究が必要

要請された指導事項を鵜呑みにしないためには、二つの教材研究が求められる。

一つは、指導事項そのものについてである。

研究したうえで「指導すべし」と思ったら指導すればいいのである。「ほどほどに指導しよう」と思ったら、そうすればいいのである。

たとえば「廊下を走る子どもがいます。走らないようにご指導ください」と、生活係の教師から全職員に伝達されたことがある。

こう要請されたら、「廊下はなぜ、走ってはいけないのか」研究してみる。これが教材研究である。

教材研究は授業のときだけでなく、日常のあらゆる指導のなかでもおこなうことである。「そんなことは常識だ」「ずっと前からやっている」などと、軽くみてはいけない。

わたしは、「廊下は走らない」について、二つの柱を立てて教材研究した。

一つめの柱は、「廊下は走らない」と強調する生活係の考え方である。生活係の教師は、やたらに「廊下の歩き方」についてやかましい。どうも廊下の歩き方について理想をもっているようである。そこで「廊下はどう歩くのが正しいと考えているのか」と聞いてみてびっくりした。

1 右側を歩く。
2 静かに音を立てないで歩く。
3 くつはかかとまでしっかりはいて歩く。
4 背すじをのばして歩く。
5 廊下の中央の白線をふまないで歩く。
6 肩を組まないで歩く。
7 口をむすんで歩く。放歌・私語は厳禁。
8 奥歯をかみしめて歩く。
9 手はふらないで歩く。
10 横に並ばないで一列になって歩く。
11 考えごとをしないでさっさと歩く。
12 手すりに手を触れないで歩く。
13 かべに手を触れないで歩く。
14 きめられたコースを歩く。
15 先生や来訪者にあったら歩行をゆるめ、会釈する。

16　前の人を追い越すときは「失礼します」と声をかけ、外側から追い越す。
17　荷物をもって歩くときは、身体幅からはみださないようにして歩く。
18　曲がり角では、歩行をゆるめて曲がる。
19　階段は一段ずつ上り下りする。
20　歩行の規則を守らないものには注意しながら歩く。

二十もの規則を考えていたことを知って「これはたまらん」と感じた。なんでも前任学校で「廊下の歩き方」の実践研究をして教育賞をもらったという。その規則を本校でも実施したいようだった。「廊下は走らない」のあとに、こんな歩行への準備がなされていたのである。

二つめの研究の柱は、「走ってもいい」という説はないのか、ということである。「逆もまた真なり」というではないか。調べてみると二つの説があった。

一つは、「廊下は走ってよい。音のしないように走ればいい」、こんな意見である。その代表は斎藤喜博氏である。

この意見にはわたしも賛成で、じつは、三階の廊下を使って「学級忍者走り大会」を開いたことがある。三階は特別教室の階だったので、学級活動の時間は空いていた。少し爪先を立てて、すばやく足を運んで走ると、音のしないように走ることができる。かえって、身体のばねが発達する。急いでいるときは、こういう走り方をしてもいいではないか。

もう一つは、「ほどほどに指導することで、そうめくじら立てることではない」という説。松田道雄氏である。大人になれば、廊下なんか、みんな静かに歩くようになる。廊下を走るのは、子どものころのいっときの特徴で、小学生のときに指導しなかったばっかりに、大人になっても廊下を走っているやつなど、みたことはない。大人になって廊下を走るのは消防署員と泥棒だけだ、と。つけ加えれば、授業に遅れた教師だ。だから、ほどほどに指導することだという意見である。

余談だが、先日、同窓会のうちあわせがあって、卒業した小学校へ行ったら、校庭で子どもたちが「校則違反」をなじられてこっぴどく叱られていた。そのわけは校庭の桜の木に登って遊んだからだという。

じつは、子どものころ、わたしたちもよく桜の木に登って遊んだが、当時の先生はなんの注意もしなかった。だが、木登りして遊んだ子どものなかで、大人になって「樹上生活する猿」になってしまったものは一人もいない。その程度のことは、ほどほどに指導すればいいのである。

子どものことを考え、理解する

教材研究の二つめは、指導される子どものことである。指導の対象を研究しないと、指導に的確さを欠く。というのは、子どもは大人の常識では及ばない発想をし、行動するからだ。

ある小学校の朝の会で、花壇係の教師が、「学級担任にお知らせがあります」とつぎのようなお願いをした。

「今日は雨が降っていますが、先日の雨の日、傘をさして学級花壇に水やりをしている子どもがいました。とてもすなおな係活動に忠実な子どもですが、なんのために水をやるのか、よく教えてほしいと思います」

聞いた多くの教職員は失笑しながら「まったく、いまの子は」と半ばあきれ顔になった。

しかし、これは有名な話だが、ある県の指導主事は、雨のなか、水やりする子どもを高く評価した。「『毎日、水をかけなさい』という教師の指示にすなおにしたがう、りっぱな子どもが育った。すばらしい教育の成果だ。日本の将来は明るい」と。

こういう考え方に比較すれば、苦笑し、あきれた教職員はずっと健康だろう。

さて、このお知らせを受けて、低学年の教師は朝の会で、「今日は雨が降っていますが、花壇に水をやったほうがいいでしょうか。……そうですね。雨の日は水やりをしなくていいんですよね」。

高学年の教師のなかには「今日、花壇に水をやるバカはこの学級にはいないよな」こんなことをいった例もある。

ところが、ここに、一年生を担任している一人のベテラン教師がいて、「しかし、なぜ、雨の日に水をやるのだろうか。教師の指示だからやっているとは思えない」と感じた。朝の会では、係からのお知らせを無視して、子どもたちにはなんの指導もしなかった。

花壇の水やりは昼休みにおこなう。給食の後、みていると、係の子どもがじょうろに水道の水をいっぱい入れ、赤い傘をさして、学級花壇に運び、水をかけはじめた。

教師はそっと近づいていって聞いた。

「雨が降っているのに、どうして水やりしたの」

「だって、先生。雨の水よりも、水道の水のほうがきれいなんだもの。きっと、きれいな花が咲くよ」

教師はこの言葉に深く感動して立ちすくみ、いうべき言葉を失ったという。

子どもの発想に驚嘆する。子どもの行為は見ただけでは、その心にあるものに迫れないことがわかる。まずは聞いてみることであろう。その上で、理解し、共感し、その是非を評価し、指導しても遅くはない。先の高学年の教師のように、「雨の日に水やりしているバカ」と、一言のもとに退けては、指導は空転するだけである。

廊下を走る子どもがいれば「なぜ、走ったのかな」、木登りする子がいれば「なぜ、木に登ったのかな」と聞いたり、調べたりして、子どものいいぶんを聞いてから指導しても遅くはない。

大人の常識・社会の常識、ひいては学校の常識・教師の眼で子どもをみて理解したつもりにならないことである。子ども理解は深い世界なのである。その世界に触れながら、指導をくみたてるのである。指導とは子どもの現実にそった営みであるからだ。

2 「時間軸」「軽重」「対象」から検討する

指導のシェーマ

係の教師から、子どものしつけについて「こうしてほしい」「ああしてほしい」といわれる。

「廊下を走らない」「あいさつをする」「やたらに紙くずを捨てない」「勉強道具を学校へ置きっぱなしにしない」「空き部屋で遊ばない」など、いろいろある。

学級担任は、これらの「指導してほしい」といわれたことを「指導する」わけだが、では、どう指導するのだろうか。

「廊下を走るな」と短く注意する教師もいれば、「廊下は走っていいのかな」と考えさせる教師もいる。「いろいろ」である。

「いろいろ」になるのは、教師の指導は「いろいろある」からである。その「いろいろ」を

わたしたちの学校では、「指導のシェーマ」といった。「シェーマ」とは、頭のなかにできあがった図式や形式や型をいう。数学の教師が使っていた用語が、一般化した。

ほかに、「パターン」ともいう。要するに、指導方法の規則性のようなものだ。

では、どういう「いろいろな方法」指導のシェーマ、パターンがあるのだろうか、一応、知っておく必要がある。**資料1**に、それをまとめてみた。

「指導してほしい」といわれたことは、このなかからその方法を選択することになる。この選択を間違えると、ときに「指導力不足の教師」になり、選択が正しいと、「指導力のある教師」になる。

いつまでに・どの程度・だれを指導するのか

要請された指導内容が正しいかどうかを判断したら、つぎに、「A－時間軸」「B－軽重」「C－対象」から検討しなくてはならない。

「A－時間軸」とは、「a緊急・b近い・c中間・d遠い・e生涯」かどうかを判断すること。

いますぐに指導することか。そのうち指導することか。学期の終わりごろまでに指導する

■2■　教師と子どもでとりくむ

⑧教師とリーダーとで広げていく。

「廊下を走らない」「あいさつをする」などについて、リーダーたちの協力を得て、いっしょに学級のなかに広げていく。

⑨リーダーや係の子どもたちが広げる。

「空き部屋で遊ぶ人をみたら、『こっちで遊ぼうよ』『そこで遊ぶのはやめようぜ』って、よびかけてほしいが、やってくれるかな」こう協力を依頼し、その子どもたちが中心になってとりくむようにする。

⑩学級で話し合って、ゆるやかな方向性を確認する。

「ニックネームはいいが、その人のいやがるあだ名はいわないようにしよう」

■3■　子どもたちがとりくむ

⑪子どもたちが学級の目標として決議してとりくむようにする。

子どもたちが提案し、学級の目標として決議してとりくむ。「わたしたちの学級は学校に食べるものを持ってきません。持っているのをみたら『やめるよう』忠告しあいます」などと決議してとりくむ。

ただし、「学校に食べるものをもってきた人は１週間、校庭当番をする」と、罰則をきめてはいけない。強制力は強まるが、自主活動とはいえ、子どもどうしで、罰を与えさせてはならない。

■4■　保護者・地域とともにとりくむ

⑫保護者の協力を得てとりくむ

「子どもに家の手伝いをさせよう」と保護者と教師とで作戦をたててとりくむ。

⑬保護者・子ども・教師と三者が力を合わせてとりくむ

「毎日、家庭学習をしよう」こういう目標を立て、三者でとりくむ。

⑭地域・保護者・教師・子どももいっしょにとりくむ

不審な人に声をかけられたらすぐに逃げだし、近くの家に救いを求めよう。

資料1

■1■　教師がとりくむ

①教師が注意する。

「廊下を走るな。わかったな」といった注意による指導法。教師の指示・命令として子どもたちにさせる。

②教師がよびかけて広げる。

①とちがって勧誘法。「廊下は走らないようにしようね」「今日、1日、廊下を走らなかった人、いますか。ほう。15人もいたか。廊下を走らないで歩くと、なにか大人になったような、ゆったりした気分にならなかったかな。いいぞ。拍手を贈ろう。明日はもっとふやしていこうね」

③教師が見本を示すことによって、子どもたちのなかに広げる。

教師が毎朝、大きな声で「おはようございまーす」とあいさつ。こうすることで、子どもたちのなかに「あいさつ」を広げていく。範示法、率先垂範型ともいう。

④教師があるグループや子どもを評価することで、広げる。

「浅葉君はいつも『おはよう』って元気な声であいさつします。そのあいさつで、先生はとても気持ちのいい朝を迎えています。浅葉君、ありがとう」

⑤教師の提案を子どもたちが同意し、決議してすすめていく。

「……という理由で『廊下は走らない』ようにしたいと思いますが、どうでしょう。意見ありますか……。賛成の人、拍手してください。全員が拍手しました。では、みんなできめましたので、みんなで守っていきましょうね」

⑥広報活動によって広げる。

指導したいことを黒板の端に書いたり、ポスターや標語にして掲示したり、学級新聞や学級通信に書いて、広げる方法。

⑦間接的な評価によって広げる。

保護者会で学級の子どもたちをほめる。「みなさんのしつけがゆきとどいていて、朝、とても元気なあいさつができるんですよ」こう伝えると、保護者は子どもに、「朝、ちゃんとあいさつしているか」「先生がとても喜んでいたよ」と話す。こうして元気にあいさつする子がふえていく。

ことか、指導の開始と終末との時間的な予定を立てることである。

「B−軽重」とは「a徹底・bほどほど・c適当に・d徹底しないほうがいい」ことかどうか判断すること。「いじめ」「暴力」「盗み」などは重要なことなので、徹底的に指導する。ルーズソックスの禁止は、ほどほどに指導するなどと、軽重大小を判断する。むろん、私見でよい。

「C−対象」とは「a全員・b群・c個人・d特殊」かどうか判断すること。aは「遅刻をするな」というような全員に指導すること、bは掃除当番の子どもたちだけに指導するようなこと、cは、忘れものをした子どもを指導するような場合。dは、障害をもった子どもなど、外部の専門機関の指導・助言を得てとりくむような場合。

さて、では「給食の残量を減らしてください」との要請を受けた学級担任は、このカテゴリーA・B・Cの、それぞれの、どの要請だと受けとめたのだろうか。

調べてみると、「a緊急」「a徹底」「a全員」ととらえたものが多かった。若い教師、まじめな教師ほど、全員に緊急に徹底しなくてはと考えた。

若い教師のなかに、食べきれない子どもは食べ切るまで、席を立ってはいけないと指導したものもいた。これがもとで不登校になった子どもがでて事件化し、この若い教師は「指導力不足」と烙印を押されることになった。

本来、食の指導は、好き嫌いの多い子や食の細い子どもにたいして、時間をかけて徐々に、なんでも、たくさん食べられるように指導していかなくてはならない。つまり、A－d遠い、B－d徹底しない、C－c個人例、なのである。ときに、アレルギー体質の子どもがいて、C－d特殊例ということもある。

例題をつくって考えてみる

朝の教職員のうちあわせ会で、各係から「給食の残量」のような「ご指導ください」がたくさん要請される。学校によっては十項目くらい要請される。

学級担任はまじめだから、朝の教室へいって、こんなふうにいうことになる。

「おはようございます。きょうは八つばかり注意することがあります。一つは空缶の投げ捨てがめだつ。だいたい缶ジュース類は学校に持ってきてはいけないことになっている。二つめは、いつも先生がいっていますね。ケータイは学校に持ってこない。とりあげるからな。三番は校庭に引いた歩行訓練の白線をふまない。わかったか。四つめは屋上で遊ばない。五つ、下校時、大池に石を投げないこと。まだ、そんなガキみたいなことして遊んでいるのがいるのか。六つめは……」

こうやって注意する。注意とは「よくないぞ」といっているわけで、朝っぱらから七つも八つも「よくない。よくない」といわれた子どもたちはどんな気持ちになるだろうか。

それに、この項目はすべて朝の会で、注意することなのだろうか。

ここにおいて、その要請された指導項目を「時間軸」「軽重」「対象」で仕分けして、指導しなくてはならない。この仕分けに失敗すると、先のような指導の失敗や不成立が発生する。

そこで、わたしたちの学校では、その仕分けの力をみがくために、つぎのような学習をおこなった。例題（資料2）をつくり、答案を書いて評価するという方法である。

以下、この問題と解答を見ながら、検討していこう。

緊急を要することとは

答えはどうだろうか。学校はそれぞれ文化的風土が異なるので、学校によって正解は変わるだろう。以下は、わたしの学校での正解例である。指導にはいろいろな方法があるので、複数解答とした。

資料2

問題

◉ ある中学校の朝のうちあわせで、つぎのような指導・伝達の要請があった。

1　校庭にごみを捨てる子が増えている。捨てないように。
2　学校に必要のないものは、持ってこないように。
3　教室外のベランダを歩かない。危険なのででないように。
4　４丁目の交差点の信号機が修理中なので、気をつけるように。
5　給食のしゃもじにごはんつぶをつけて返さないように。
6　前の時間が終わったら、つぎの授業の準備をして遊びにいくように。
7　壁へのいたずら書きが流行っている。いたずら書きしないように。
8　下校時に買い食いしないように。
9　図書委員は、本日、３時半から図書室で図書委員会。
10　教材費納入の滞納者の氏名を担任の机上においたので、納入するよう催促してください。

▶ 以上の10項目のうち、下記に該当する項目はどれだろうか。

A　いますぐ、最大限、緊急を要すること。
B　みんなの前で話してはいけないこと。
C　みんなの前で話した方がよいこと。
D　委員や係を通して指導したいこと。
E　ゆっくりと作戦を立ててとりくむこと。
F　別の時間に指導した方がよいこと。
G　軽いもの……掲示板か伝言板に書いておいてもよいこと。

まず、「A　いますぐ、最大限、緊急を要すること」の正答を見てみよう。これは、「3　教室の外のベランダを歩かない。危険なのででないように」である。

これはすぐにわかる。子どもの生命を守る、これは最緊急課題だからだ。この解答をはずすようでは、教師の資格が問われてしまう。

ところで、この注意は、一階の学級担任もしなければならないのだろうか、という疑問がでてくるだろう。だが、やはり一階の学級担任もしなければならないのである。理由は三つある。

①自分の家にもベランダがある子どももいる。住宅にかぎらず、どこのベランダにも危険性があるので、全員に注意する。
②二階の教室へ行ったとき、ベランダにはでないようにする。
③二階のベランダにでている人がいたら「やめろ」と注意し、すぐに先生に知らせてほしい。

③については、みんなの生命を守るためには、「お互いに注意しあうこと」「教師に通報する義務があること」「黙って見ていたものも同罪になること」こういう認識を育てなくては

ならない。

しかし、小学校では、楽しい遊びとして組織したい。「みんなに頼みがある。今日からベランダ探偵団になってほしい。ときどきベランダを見あげて、ベランダで遊んでいた人がいたら『危ないからでるなあ』と注意し、すぐに、近くの先生に知らせてください。では、諸君、ベランダ探偵団に任命します」というように、遊びとしてとりくむようにする。

ここで、もう一つ大切なことがある。注意するだけではだめだ、ということである。注意する前にすること、注意した後にすることがある。

いきなり「ベランダにでるな」と注意するのではない。事実を調査することである。「調査なくして発言権なし」である。教師自らベランダにでて、その危険度を再確認する。どういう危険が予想されるか。

そうすると、「ベランダにでるな」の注意がより具体的になる。「柵がぐらついて危険です。ベランダの溝にボールがひっかかって、とろうとすると、柵がこわれて落ちてしまいます」というように、臨場感のある注意ができる。

子どもたちに注意するとき、調査もせずに、係の教師の伝達を鵜呑みにして、そのまま注意する例が多い。きちんと調べて、その事実から指導すると、ゆるみのない指導ができる。

ついで、「注意したあとにすること」がある。ベランダにでられないようにすることだ。ベランダへでられないように、出口に机を置いてふさぐというようにして、はじめて、「ベランダを歩かない。危険なのででないように」という注意の一階梯が成立する。二階梯は、実際にベランダにでる子どもが、いないかどうか、見守ることである。

このように、指導は無数のディテールから成り立つのである。

みんなに話す意味

「B　みんなの前で話してはいけないこと」は、「10　教材費納入の滞納者の氏名を担任の机上においたので、納入するよう催促してください」の項目である。

滞納の催促は、家庭に連絡することで、みんなの前で催促したり、子ども本人やむろん学級通信で催促したりしてはならない。

「C　みんなの前で話した方がよいこと」は、1～9までの九項目である。子どもたち全員に知らせたほうがいいことであるが、話す以外の方法、掲示物なども考慮に入れる。

さて、この解答にたいして問題になるのは、「9　図書委員は、本日、三時半から図書室で図書委員会」である。これは、「図書委員だけに知らせればいい。子どもたちみんなに知らせなくてもいいのではないか」こういう意見がある。

なかには、図書委員だけを呼んで伝達する教師もいる。それは、親切ということもあるが、図書委員が委員会をサボることがあり、サボると学級担任の責任になるからである。

サボる子どもが多いと、図書会員会の顧問教師が怒って、「昨日の図書委員会に出席しない学級がありました。一応お知らせしますので、本日の昼休みに図書室へくるようご連絡ください。昨日の欠席者は三年一組、男子。三年二組。男女とも。三年三組の男子、この男子は一度も委員会に出席していません……」と、発表するので、学級担任としてはビビッてしまう。担任能力なしの烙印を押されたように感ずる。全職員の前で恥をかかせられるわけだから、サボった子どもへの怒りが煮えたぎってくる。

そこで、学級担任は、その怒りを図書委員にぶつける。

「なぜ、図書委員会にいかなかったの」

「えーっ。あったの。知らなかった」

「朝、連絡したでしょ」

「えっ。そうだっけ」

こうとぼけたりする。そこで、以来、図書委員を呼んで連絡し、「たしかに知らせたぞ」。こういう目的で図書委員にだけ知らせる例がある。

しかし、委員会の開催は、全員に知らせることである。なぜなら、委員は、学級を代表して委員活動をするわけで、代表者が「いつどこでどんな活動をするか」、子どもたち全員が知っておきたいことだからである。「放課後なのに、ご苦労さま」そういう感謝の気持ちを育てるためでもある。

では、なぜ、朝の会で知らせるのだろうか。図書委員にも放課後の予定があるからだ。しかも、図書委員会へ出席するための準備をする時間的余裕がほしいからだ。ここがポイントである。帰りの会で急に「図書委員会があります」といわれても準備はできない。

ところで、「本日、三時半から図書室で図書委員会」というお知らせには致命的な欠陥がある。なにかが不足している。なんだろうか。

それは、会議の議題である。図書委員も、なんの会議か知っていなくては、準備できない。しかも、学級の子どもたちは「委員という学級の代表者が、いつどこでどんな活動をするか」を知る権利がある。ところが、このお知らせには図書委員会で「どんな活動をするか」が抜けている。

その欠陥を補うのは学級担任である。朝のうちあわせで、図書係の教師が「本日、三時半から図書室で図書委員会を開きますので、委員にお知らせください」と伝達したとき、「議題はなんですか」と聞かなくてはならなかった。そう聞けば、図書係は「すいません。夏休み中の開館日についてです」という。

議題がわかれば、図書委員への指導が具体的になる。

「図書委員は、本日、三時半から図書室で図書委員会です。夏休みの開館日をきめるそうです」

朝の会で、こう知らせを受けた図書委員は、夏休みの図書館の開館日について、学級の意見をまとめることになる。休み時間に班長を集めて、「昼食のとき、意見を聞いてほしい」と依頼。帰りの会で、班の意見を発表してもらい、集約して「夏休み中、ときどき開き、終わりの一週間は宿題をやるので、毎日、午前中だけでも開いてもらいたい。この意見をわたしたちの学級の意見としてもっていきます。それでいいですか」「いいでーす」。

放課後の図書委員会は、こうして各学級の集約された意見が発表され、開館日がきまる。

こういう図書委員会の活動は、朝の会の「お知らせ」からはじまり、「代表する」仕事の具体を教えることになる。

委員会に、学級の意見をもっていかないから、教師が「開館日はいつついつです。当番はつぎのように割りあてます」と当番表を配布し、「では委員会を終わります」としてしまうのである。

子どもたちの活動を促す

「D　委員や係を通して指導したいこと」は、学校や学年、学級の事情によって異なるだろうが、わたしの学級だったら、左記のことは委員や係がとりくむことにする。

1　校庭にごみを捨てる子が増えている。捨てないように……………美化委員
2　学校に必要のないものは、持ってこないように……………規律委員
5　給食のしゃもじにごはんつぶをつけて返さないように……………給食係
6　前の時間が終わったら、つぎの授業の準備をして遊びにいくように……学習委員
7　壁へのいたずら書きが流行っている。いたずら書きしないように……掲示委員

子どもの力ではできない、係や委員の力ではできない、そこまで育っていないとすれば、教師が指導することになるが、なるべくこういう問題にとりくむことで、子どもたちの力を育てていくようにしたい。

ただし、「子どもにとりくませる」となると、「任せてしまう。教師は口だししない」という例が多い。自主性は順次育てていくのだから、「任せっぱなし」にしないように留意したい。

たとえば、「2　学校に必要のないものは、持ってこないように」という場合、テレビゲームのソフトについては子どもたちでもとりくめるが、ナイフなどについては、教師がとりくまなくてはならないからだ。

これらのなかで、掲示委員に「7　壁へのいたずら書きが流行っている。いたずら書きしない」にとりくませた、中学校一年生の例を報告しよう。

まず、その日の朝の会では注意しなかった。まず調査した。昼休みに掲示委員と美化委員を呼んで、わたしの学級の掃除分担箇所をまわって、いたずら書きがあるかどうか、調べた。いちばん多かったのは、学級の廊下の壁面と掃除分担箇所の男子トイレだった。

「さて、どうするか。方針を立ててみよう」四人の委員は、集まって方針を立てた。たいした方針ではなかったが、四つの方針をきめた。

●いたずら書きはやめよう。

●いたずら書きをしないように注意しあおう。

●実行委員会をつくりいたずら書きを消す。
●学級にいたずら書き黒板をつくる。そこなら書いてよい。

この方針を学級総会に提案し、「いたずら書きはやめよう」と決議した。大切なことは子どもたちの意思の統一である。意思が統一できれば、指導の半ばは成功したと評価できる。

つぎは、実行委員を募って、「消す作業」にかかった。消し方を研究し、洗剤や用具を揃えて、作業日を設定して消した。ここがポイントで、なるべく大々的におこなった。いたずら書きは消え、きれいになった。

すると、その翌日、トイレに落書きが発見された。子どもたちは怒った。

「だれがやったんだ」

怒るということが大きな前進だった。学校のなかにある無数の規則違反に「怒った子ども」がはじめて出現した。記念すべき新人類の誕生である。

実行委員は怒って、学級の子どもたちに「書いた人はいませんか」「みた人はいませんか」「怪しい人はいませんか」といった。

学級にはだれもいなかった。このトイレはほかの学級も使うので、それらの学級を訪問して訴えることにした。班単位になってほかの学級を訪問し「トイレに落書きがあった。みんなの力でやめさせたい。協力してほしい」と要請した。

こうして、落書きはなくなった。子どもたちが本気になって「やめよう」と立ち上がってこないと、なにごとによらず、成功はしないのである。

ただ、ひとこと「いたずら書きしないように」では、馬耳東風。「またか」で聞き流されてしまうのである。

建て前で指導することもある

「E　ゆっくりと作戦を立ててとりくむこと」に対して、わたしの解答は「8　下校時に買い食いしないように」である。

わたしは個人的には「買い食い」はきらいである。だが、教師は指導にあたり、個人的感情は抑えたほうがいい。冷静さを失わないということだ。

ときに、「買い食いするような子がいますが、先生は大きらいです」という指導法もあるが、これとても、抑制のなかで教育的効果をねらった演技性が求められる。本心を丸だしして「きらいだ」と強調することではない。

ところで、指導には、そうかんたんには成功しないこともある。買い食いなど、その最たる例だろう。

スクール・バスで送迎しているところは買い食いできないし、集団下校している学校でも、買い食いはできなくなった。しかし、通常の下校風景をみていると、子どもたちの休憩所のような店があって、そこに立ち寄って、買い食いしている風景をよくみかける。

中学生・高校生の買い食いなどあたりまえで、この指導に成功した学校はない。失敗したある学校では、しかたなく「学校指定の買い食い店」をきめ、そこでなら下校時に食べてよいことにしたという例がある。しかし、子どもたちがかってに指定店をふやしてしまったという。

わたしもたいがいのことは成功させたが、買い食いばっかりは失敗続きだった。

中学校に勤務していたとき、生徒会の校外委員会の顧問になった。委員会で「買い食いはしない」ときめたので、わたしも必死になって「買い食いはやめよう」ととりくんだが、生徒数は三千八百人、学区は広く繁華街をかかえていて、とても成功させることができなかった。相棒の直原先生が「家本君、こんなことはできるはずがない。ゆっくりと時間をかけて指導することで、そう焦ってはだめだ。それに、買い食いなんて子どもの楽しみだろう。そういう楽しみを学校が奪ってはいけないよ」。

つまり、この徹底は、ゆっくりと作戦を立ててとりくむことなのであった。学校の指導項目には、ほかにも、こういう例がある。

別の時間にまわすこと

「F　別の時間に指導したほうがよいこと」は何だろうか。

「4　四丁目の交差点の信号機が修理中なので、気をつけるように」は帰りの会。「8　下校時に買い食いしないように」も必要と思えば、帰りの会がいい。「5　給食のしゃもじにごはんつぶをつけて返さないように」は給食のとき、そのものに則して指導する。

朝、いっぺんになにもかも注意しても、子どもたちの注意力にも限界がある。つい忘れる。それを、「朝、注意したのに、なにを聞いているんだ」と叱っては、子どもも困るだろう。その指導事項がもっとも生きる時間帯をみて、注意するということだ。

つぎの、「G　軽いもの。掲示板か伝言板に書いておいてもよいこと」について、わたしの解答は「6　前の時間が終わったら、つぎの授業の準備をして遊びにいくように」である。

この指導項目を学習委員にとりくませようとしたことがある。

休み時間に、学習委員を呼んで調査した。「前の時間が終わったら、つぎの授業の準備をして遊びにいくことができているかな」と聞くと、「半分くらいはできているけど」という。「そうか、全員ができるようにしたほうがいいんじゃないのかな」

というと、

「どっちでもいいんじゃないの。授業の始まる少し前に戻ってきて、準備する人もいるし」

女子の委員がいうと、男子の委員がいった。

「そうだよ。おれ、授業が終わるとさ、小便つまってしまって、いつも、すぐにトイレへすっとんでいくんだ。で、ついでに遊んで、ベルが鳴る少し前に教室へ戻ってきて、机の上のものを片付けてさ。つぎの支度をするんだ」

子どもの性格によって、いろいろある。一律にきめることでもない。だから、「なるべくそうしたほうがいい」ということにして、この項目は軽く指導することにした。学習委員にどうするかときいたら「掲示して貼っておけば」というので、そうした。

学習委員が、「前の時間が終わったら、つぎの授業の準備をして遊びにいこう」と、イラスト入りで書いた掲示物をつくり、背面掲示板に貼りだした。

授業にきた教師たちは、その掲示をみて、わたしに「とりくんでいますね」「やってますね」と、ほめてくれた。わたしが掲示までして熱心にとりくんでいると思ったようである。以来、これはいい方法だ、実際に指導していなくても「指導していまーす」と指導しているふりをすることができると、ときどき、この方法を採用した。こんな方法もある。

以上は、「時間軸」「軽重」「対象」から指導事項を検討し、仕分けする力を身につけた実践例である。

次章では、その一つひとつの指導事項をさらに具体的にどう展開するのか、その力をどうみがいたか、報告したい。

第3章

指導の技をきわめる

1　「指導」の劣化現象

「規則をつくれ」とは……

中学校の校舎の建替えがおこなわれることになった。職員会議で「子どもが工事現場に立ち入らないように注意してください。中に入って遊ぶ子どもがいますので、学級担任はよろしくご指導ください」と、教頭から要請があった。「とくに、昼休みになると、職人は飯場に戻り、現場は無人になります。子どもはこれ幸いと入り込んで遊ぶので危険」だというのである。

この要請を受けて、翌日の朝の会で、各学級担任はいっせいに指導することになった。

しかし、「どう指導したか」というと、ほとんど「危険なので、工事現場に入らないように」と注意したのである。

ところが、翌朝、教頭が「まだ工事現場に入る子どもがいます。とくに、三年生が多いようです。ひとつ、さらにきびしくご指導ください」と重ねて要請した。

「指導してください」から「きびしくご指導ください」になったわけである。

それで、担任たちは、どうきびしく指導したかというと、同じように、朝の会で重ねて注意していた。なかに「きびしく」を思いだし、「わかったか」と念を押し「工事現場に入ったやつは、一週間当番させるぞ」と脅かした教師もいた。「子どもなんて、そういって脅かさなくては、ピンとこないんだ」というわけだ。

注意を守らないと指摘された三年生は、学年集会を開いた。びしっと、いっせいに指導しなければききめがない、つまり、「担任が注意した程度では、効果がない」というわけで、昼休みに学年の子どもを体育館に集めて説教集会を開いた。

しかし、翌朝、再び教頭がいった。「だいぶよくなりましたが、まだ工事現場に入る子どもがいます。ぼくは、校庭のそうじの監督をしているんですが、昨日も、校庭掃除の子どもが、工事現場に入って遊んでいました。もっと厳重にご指導ください」

すると、三年生の担任の中年の教師が立ち上がって、「すみません。それはわたしの学級の子どもだと思います。けど、いくら注意してもいうことをきかないんです。学校の規則に、

『危険箇所には立ち入らない』という一項目がないので、注意がゆきとどかないんだと思います。学校の規則としてきめてほしいと思います」

「でも、工事現場に立ち入らないということは常識ですから……」と教頭がいうと、「その常識が通用しないいんですから、規則としてきめてほしいんです」と、こんなやりとりになった。

担任注意から学校注意に格上げ？

はたして、規則をつくれば、危険な工事現場に立ち入らなくなるのだろうか。結果的にはガードマンが立哨して管理することになった。

この例は実際にあった話である。戯画的な誇張のように聞こえるかもしれないが、学校に多い規則は、どうも、このようにしてつくられたようである。

注意したぐらいではききめがないから、「校則」にしてほしい。そうすれば、「危険箇所の立ち入り」は、「学校の規則違反」として管理できるというのである。

学校の規則にすることで、「担任の注意」から「学校としての注意」に格上げされるというのである。そうすると、担任も大舟に乗ったように、自信をもって注意できるというのである。

教育の理想からいえば、規則のない学校が望ましい。中学生なのだから、こんなことは、なにも規則にすることはない。そんなことをしていたら、何百何千の規則をつくらなくてはならない。まして、規則をつくったからといって守られる保証はない。

しかし、こんな職員会の風景はよくみられるのである。

これが指導の劣化現象である。むろん、いまの子どもたちが、一回ぐらいの注意では、教師のいうことをきかなくなってきたこともあるが、とすれば、教師のほうも、その事態に対応する指導の技術をみがかなくてはならないのである。そのことを怠っては、状況から取り残されるだけである。

2　実態から指導を構想する

指導にはいろいろな方法がある

子どもを指導するにはいろいろな方法がある。叱ることもそのひとつだし、ほめることも、ときに、無視することもあるだろう。数えたことはないが、たぶん、無数といってよいほどある。

教師は、それら無数ともいえる方法から、そのとき、そのことに、もっとも有効と思われるひとつを選んで指導している。だが、問題は、選びとった方法がもっとも有効かどうかで、その評価は難しい。

たとえば、「すぐに指導の効果があった。指導が成立した」といっても、それがかならずしも成功したとならないこともある。染色したとき、思ったように染まったと喜んでいたが、数日たったら変色したり、洗ったら色落ちしたりして、結果的には失敗だったということもある。子どもの指導にも同じことがある。

あるいは、指導に失敗したと思っても、数か月後に、状況が変わり、指導したようになったということもある。

そういう難しいことはあるが、できるだけ、付け焼き刃でない指導を心がけたいものだ。それには、まず、指導のいろいろな方法を知り、もっとも自分に適した方法を身につけることである。

そのために、どんなことをして学んだか、以下、わたしたちの例を報告しようと思う。一種の「遊び」であるが……。

どう指導したか、調べてみる

前の章でも触れたが、毎朝、教職員のうちあわせが開かれる。係の教師から伝達やお願いがなされる。「学級担任はよろしくご指導ください」というようにである。

あるとき、清掃主任がこうお願いした。

「このごろ、窓から紙くずを捨てている子どもをよく見かけます。窓の下が紙くずだらけです。窓から紙くずを捨てないよう、学級担任はよろしくご指導ください」

　このとき、「このお願いにたいしてまず、最初にどうしたのか」を学級担任にアンケートをとって調べてみた。調査のポイントは「まず、最初に」である。

　学級担任以外の教師にも「自分が学級担任だったら」と仮定して答えてもらった。同じものもあり、つぎの十三通りにまとめられた。

①朝の会で、子どもたちに「窓から紙くずを捨てないように」と注意した。
②朝の会で、子どもたちに「窓から紙くずを捨てたことあるもの」と聞いて、ようやく捨てたと名乗りでた子どもを注意した。
③朝の会で、子どもたちに「窓から紙くずを捨てていいかな」と聞いたら「よくない」と応えたので「そのとおり。捨てないように」と指導した。
④朝の会で、子どもたちに「窓から紙くずを捨てる人を見たら、どうしたらいいか」と質問したら「注意する」との子どもの答えをもとに「よくないことは、お互いに注意しあってやめるように」と指導した。
⑤朝の会で「『窓から紙くずを捨てない』という主題の標語・イラストを募集します」と話

した。
⑥朝の会で「ボランティアを募ります。窓の外へ紙くずを捨てる人がいます。そこで、『紙くずの拾い屋ボランティア』さんを募集します」と呼びかけて、募集した。
⑦事実かどうか、休み時間に自分の学級の窓下へ行って紙くずの有無を確かめ、それから対策をたてた。
⑧その日の休み時間、清掃・美化係を呼んで「どうすれば窓から紙くずを捨てないようになるか、対策をたてよう」とうながし、とりくみの方針を立てさせた。
⑨学級会の時間「窓から紙くずを捨てないようにするにはどうするか」と議題にとりあげ、子どもたちに話し合いをさせた。
⑩たいしたことではないから、その日のうちに、黒板のはしに赤チョークで「窓から紙くずを捨てるな」と書いておいた。
⑪教師が「窓から紙くずを捨てるな」という趣旨のポスターを描いて、昼休みに教室へ貼り出した。
⑫窓から紙くずを捨てるのは一時的な流行だから、ほうっておけばやむと考え、なにもしなかった。

⑬その日から、休み時間に、自分の学級の窓下へ行っては、捨てられた紙くずを拾った。

学級担任は、それぞれに思いをこめて、いろいろな方法で指導していることがわかった。ただし、十三通りではあるが、数でいうと①が圧倒的に多く、三分の二を占めていた。「指導＝注意」は、平均的な指導パターンであった。

アンケート結果を評価し、考えあう

アンケートの結果は、すぐに全教師に配布し、これらの指導方法について、評価することにした。それぞれがそれぞれの観点でコメントし、十点満点で採点し、採点用紙を回収して、回覧して読み合い話し合った。

以下は、わたしの採点用紙である。

①……一点。まず注意から始めるのはオーソドックスな方法だが、本校の子どもの状態からみて、ひとこと注意したくらいで、徹底するだろうか。なにもしないよりはましという程度か？

②……〇点。一般的指導課題で、犯人探しをすることではない。朝っぱらから犯人探しはまずい。

③……二点。「捨てていいかな」と、子どもたちに聞いた分、①よりは少しまし。しかし、こういうわかりきったことを聞くと、子どもたちはシラけるし、中学生なのだから、教師がかえって、軽くみられるのではないかな。

④……三点。子どもどうしが注意してやめるようにするという考え方はすぐれている。だが、これだけで、子どもたちが注意しあうようにはならない。「どうしたらいいか」と聞いて「注意する」と答えたとき、学級内から失笑がおこったと思う。その効果をねらって「注意する」とマジに答えたこの子どもの答えを、まじめにとりあげたのはいいが、実効性について疑念がある。

⑤……三点。着想はおもしろい。もっともこれまでに成功してきた実績があればの話。だが、指導課題と指導方法とが少し乖離している。そこまでやらなくていいだろう。子どもたちに別の負担をかけることにならないか。

⑥……八点。希望者が集まり、「拾い屋」活動が成功すればの話。希望者ゼロだったら成立しない。しかし、ときに子どもたちの善意に賭けてみるのも教育。教育はたえ

ずリスクをともなうものである。ここを避けては、教育実践の楽しみは半減する。

⑦……十点。「調査なくして発言権なし」という有名な言葉がある。係の教師は「窓下は紙くずだらけ」といったが、自分の学級の子どもたちが、実際に窓から紙くずを捨てているのかどうか、調べてみなくてはならない。調べたうえで、もしも、自分の学級の子どもたちが紙くずを捨てていなかったら「みんなはえらいぞ」とほめてやる。もし紙くずが捨てられていれば、ではどう指導するか考えてもおそくない。

調べもしないで、いきなり子どもたちに「窓から紙くずを捨てるな」と注意するから、指導が空振りし、しだいに空洞化するのである。

⑧……九点。子どもたちの問題にしようとしたことがすぐれている。子どもたちの自主性を育てるには、こうした指導は欠かせないだろう。ただし、どういう方針をつくってくるかが、つぎの課題になる。

⑨……三点。子どもたちの問題としたことはすぐれているが、少しおおげさ過ぎる。結論のわかっていることをとりたてて話し合うと、話し合うことに疲れてしまう。

⑩……一点。実効性はない。ただし、「わたしは指導しましたからね」といいわけするにはもってこいの方法。「軽い指導」の典型例。ことがらによっては、こうしてよいこともあるが、この結果、紙くずの投げ捨てが減るとは思われない。

⑪……六点。ひとつの指導法で、絵のじょうずな教師にとっては容易な方法。特技を生かしていておもしろい。ただし、効果のほどは疑問である。そのポスターが紙くずになって捨てられた例もある。

⑫……〇点。仲間である係の教師がお願いしたことは、その指導に軽重大小の差異はつけても、なんらかの形でかならずとりあげるようにしたい。そのお願いが間違っているとすれば、その場で発言を求めて「反対」の意思表示をしたい。

⑬……六点。率先垂範する例。教師が紙くずを拾っている姿を見て、子どもたちは反省して捨てないようにする。ただし、早急に見返りを求めては失敗する。自らの「行」として黙って拾い続けることだ。だが、この場合、紙くず捨ての根を絶つことが教育だから、これだけでは不十分。ほかの指導、たとえば⑥などとあわせると効果があるだろう。

これはわたしの独断と偏見による採点表である。ほかの教師の採点とコメントを読んで、考えさせられることが多かった。たとえば、⑬に高い得点を与えた例が多く、校長は十点を与えていた。

ところで、わたしの答えは、⑦である。だから、ぬけぬけと「十点」をつけた。まずは、子どもたちの実態にたった指導が求められていると思ったからである。

注意だけでは解決しない

係の教師の要請を聞いて、わたしは学級の窓下に行って紙くずを調べた。たしかに落ちていた。その紙くずを調べることにした。「学校のなかのあらゆる細部は、子どもの生活と意識を反映している」というのが、わたしの持論だからだ。

「おーい、ちょっときてくれ」と子どもたちを呼んで、窓下の紙くずを示して、「だいぶ落ちているが、分類してみよう」とよびかける。

分類すると、数学のプリントが多い。

「みんな、どう思う」

子どもたちにも、分析する力を育てなくてはならない。

「やっぱりな」

子どもたちは顔を見合わせてうなずいた。ということは、数学の授業がうまくいってないのである。

「では、どうするかだな。学級委員、どうしたらいいと思う」

「美化と学習で別々にとりくんだほうがいいと思いますね」

「そうだな。じゃあ。方針をたてよう」

子どもたちが方針をつくっているあいだ、数学の教師のところへ行って、聞いた。

「わたしの学級の授業態度はどうですか」

「困っているんだよ」

「すみません」

学級担任は、謝り役だ。学級には十一人もの教師がきて授業している。子どもと相性のいい教師もいれば、悪い教師もいる。

「すみません」と謝りながら、授業の様子を聞くと、どこに問題があるかがみえてきた。

こうして、子どもたちのつくった方針を学級総会に提案し、決議して、「数学の授業・面白大作戦」を展開した。その一方、美化委員は窓から紙くずを捨てないように、呼びかけたり、ごみ箱を増設したりした。

こういう展開によって、紙くず問題を解決した。これが指導ということで、「紙くずを捨てるな」と注意するだけでは、事態を解決することはできない。

しかし、「注意」による指導が圧倒的に職場を支配していた。したがって、窓からの紙くず捨てはいっこうに減らなかった。

このような職場の状況に危機感を感じて、注意の構造について考えてみた。それが次節の「『注意』に注意」である。

3 「注意」に注意

子どもと認識を共有する

教師の「注意」の構造は、つぎの四つの段階から成立している。

A

1 よくないことがある、悪いことだと教師が認識する。

2 教師の認識を子どもたちと共有する。

3 「二度とその行為をくりかえさないように」忠告する。

4 子どもたちは反省し、「二度としないぞ」と決意する。

この四つのうちのどれが欠けても、「注意」という指導は成立しない。ところが、現在の

「注意」をみていると、下記のようになっている。

B　1　よくないことがある、悪いことだと教師が認識する。
　　2　その行為をした子どもを怒る。
　　3　「二度とその行為をくりかえさないように」禁止する。

両者を比較してみると、Bに「2　教師の認識を子どもたちと共有する」が欠けていることに気づく。

教師があたりまえと思って注意していることが、子どもたちにとってあたりまえでないことが多い。そのうえに「よくない」ときめてかかって禁止している。注意が成立しないのは、このあたりに主因がありそうだ。

すなわち、教師がよくないと考えたことについて、子どもたちも「よくないことだ」とは認識していないのではないか。

数年前、東京都内の高校生へのアンケート調査がおこなわれた。全日制高校の三年生の子どもに、二十六種類の行為について「許す」か「許さない」かを調査したのである。資料3

資料3

「これは許せる」と思う

高校生のバイト	100%	高校生の茶髪	93%
未成年の飲酒	88%	高校生の朝帰り	87%
電車の中で化粧	59%	親が子を殴る	55%
車内のいちゃつき	47%	不倫	26%
援助交際	21%	子が親を殴る	19%
万引き	10%	映画館内で鳴る携帯	0%

はその結果の一部である。

この結果をみると、教師との考えに大きな差異のあることがわかる。

こういう現代の子どもへ、教師が考えた「よくない行為基準」で一方的に注意しても、空転するばかりである。そこで、「2　教師の認識を子どもたちと共有する」という段階が欠かせない作業となる。「よくない」と教師も子どもも、両者の認識が一致すれば、指導目標の八〇パーセントは達成できたといえよう。ところが、この段階を欠くから注意が空回りするのである。

注意は忠告である

ついで、Bには「怒る」がある。共通認識に達したら怒ることはない。悪いことをしたと思ったとき、すでに、人間は自責の念にかられているのだから、Aの「3　二度とその行為をくりかえさないように忠告する」で十分である。

さらに「忠告」と「禁止」のちがいがある。もともと注意は、「用心しろ」「警戒しろ」と「忠告する」ことであった。それがいつのまにか、叱責と禁止になってしまった。

注意は、「忠告」であるから、聞き入れるかどうかは、子どもの自発性に委ねられている。その自発性にはたらきかけて、「反省、決意」を引きだすから、強い意思を伴って、再発防止に役立つのである。

一方的な叱責と禁止で、はたして、子どものなかに、反省と決意を生みだすことができるだろうか。今後、注意のしかたについて、いろいろと「注意」すべきだろう。

それには「注意しないで指導する方法」を考えることである。

注意しないで指導する方法

ある中学校を訪問したら、ちょうど昼休み。係の子どもが学級花壇に水を撒いている。ホースで、花の上から水をかけている。

担任の先生が窓から顔をだして、「そんな水のかけ方をしたら、花が傷むでしょう。ちゃんとやりなさい」と叱っていた。子どもたちは、教師が顔を引っ込むと、ぶすっとして、ホースを校庭に向けて、散水しはじめていた。

よくある風景であるが、こういう情景をみると、どうも気になってしまう。わたしの持論だが、「注意はなるべくやめたほうがいい」のである。

教師にはいろいろな指導法を選択できる自由がある。

この場合、どうしたらよかったのだろうか。「範示と勧誘」のわざを用いるとよかった。

まず、教師が「ちょっと貸してみて」と、ホースをとって、水をかけてみせる。ホースの口を押さえ、水量を調節し、扇状に放射するようにして、花の根本の地面に吹きつけるようにして散水する。

「みんなも、顔や頭に水をかけられたらいやでしょう。花も同じ。こうやって、花の根本の地面に水を吹きつけて染み込ませてやる。ほら、こんなふうに、できるかな」

植物は水がないと困るが、水をかけられるのは苦手で、そのため、葉っぱは水はけのよいようにつくられている。そんな話をしながらでいいだろう。

教師がやってみせてから、「できるかな」と、子どもたちにホースをわたしてやらせてみる。できたら、「じょうず、じょうず」とほめる。

範示して勧誘する

なんでもそうだが、注意したいことがあったら、このように、

①教師がやってみせる………範示。

②「こんなふうにできるかな」と、皮肉でなく、挑発的でなく「みんな、やってみようよ」と笑顔で誘う………勧誘。

これが「注意」にかわる一つの指導法である。

子どもには「先生のようにやってみたい。先生の真似をしてみたい」という気持ちがある。それは、「大人になりたい」ということである。その心理を巧みについたアプローチである。

この指導法はいろいろ利用できる。

子どもたちが掃除をしている。ほうきをふりまわすようにして床を掃いている。「ほうきは、はねあげてはいけない。ごみが飛び散るだろう。ちゃんと掃け」と注意したいところだが、ここは「範示と勧誘」。

床に二つの円を描く。男子に二本、女子に二本のほうきをわたして「さ、どっちが早く、円のなかにごみを集められるかな。競争だ。ちょっと、その前に先生がやってみるぞ」。ほうきを動かして円のなかにごみを運んで「ぱっ」と掛け声をかけながら寸止め。寸止めしてみせるところがコツである。

「こうすると、ごみはおとなしくなる。できるかな。はい。では、ほうきをもって、いいかな。用意　ドン。……はい、女子の勝ち。男子残念。つぎ、交替。男子、負けるなよ。用意ドン」

これは、わたしが小学校の教師だったころに流行った指導法である。いまの子どもは不器用だが、コツさえつかめば、すぐにできるようになる。

「うまい。うまい。ほうきはこういうように使って掃くんだ。できるよな。さあ、掃除をはじめようぜ」

というように、なるべく注意しないで指導する方法を工夫したいものである。

4　自分にもっとも適した方法で

指導力とは具体化の能力

いっとき、下痢に悩まされたことがある。医者にかかって薬を処方してもらい飲んだが、いっこうによくならない。サークルの仲間に話すと「医者をかえたほうがいい」といわれ、別の医師にかえ、その薬を飲んだら、一日で治った。

医師は、病人に薬を与えて治すことを知っているが、どういう薬をだすかで、患者の病気が治ったり、治らなかったりする。指導も、このことによく似ている。

ある年、学年会で学年主任がいった。

「このごろの授業をみて感ずるのは、学習意欲のない子どもが増えたことだ。学習意欲の旺盛な子どもに育てるべく、みんなでご指導ください」

ほかの学校から転勤した教師で、そういう研究をしてきたらしく、それにしてはずいぶんと生硬な目標提示だった。

しかし、そういわれれば、たしかに現実はそうだった。一同、異もなく、この提案を受けた。実際には、この指導目標に無理があったのだが、上のものの意見は、逆らわずに聞いたふりをしていて、やらなければいいんだ、そんな考えもあったようだ。こんなことは学校現場ではよくある。「この件について指導してほしい」という要請に、一同、黙って聞くという情景である。だが、黙って聞いたことは、その提案を了承したという意味になる。

学年会のあと、一部の教師は、学習意欲旺盛な子どもに育てるべく、指導をはじめようとしたが、「学習意欲を高める指導」など、雲をつかむような話で、具体的に、どう指導していいかわからなかった。

隣の学級の教師に「どう指導したらいいんですか」と聞くと、「わかりません。具体的にどうしていいのかわからないんです」。そういってから、「すみません。わたし、指導力がないもので」と、自嘲したのである。つまり、具体策がわかないことは指導力がないというのである。「学習意欲旺盛なる子どもを育てよ」とは、いかにも生硬で抽象的である。具体策がわからなくて、当然だろうと思った。にもかかわらず、わからない自分を責めていた。

このことから、指導とは、抽象的な目標を具体化して実践することだということがわかった。具象化のアイデアが豊富なら、状況にあわせて選択できることで、指導が成立することになる。すなわち、指導力とは具体化の能力であり、その具体化のアイデアの豊富さが、指導力の一つの源泉であった。

冒頭の医師の例でいえば、「どんな薬をだすか」が具体策であって、この具体化に失敗すると、病気を治すことができない。教師の場合は、指導が成立しないという事態を招く。それが、指導力不足である。

同じ学年に、その悪例があった。子どもの指導に悩んで、校長に相談した教師がいた。「もっと子どもをほめなさい」と助言された。しかし、「ほめる」ことを具体化できず、子どもに向かって「先生はきみをほめます」とほめた。

そういう視点でみると、ほとんどの教師が「指導力不足」「指導放棄」にみえた。というのは、学年の教師たちに「学習意欲旺盛な子どもにどう育てようとしたか」聞いてまわったのだが、「それ、なに?」と、忘れている教師もいた。一種のサボタージュ派である。覚えている教師でも「どう指導していいかわからずに、困っている」と答えた。やはり具体化できずにいたのである。

方法の統一は空洞化を生む

学年主任に「どう指導しているか、みんな困っている」と伝えると、「わかった。具体的な方針をつくってみる」と了解し、つぎの学年会に「具体策」を提案した。

十か条くらいの項目を書きあげてきたが、そのなかに「宿題をだして、かならず評価して返す」とあった。評価すれば、子どもはやる気になるというのである。

すると、美術の教師が「反対です。わたしは宿題そのものに反対なんです」と声をあげ、その発言を皮切りに、学年会は、異論続出となった。

「挙手回数を評価に勘案するなんて、こんなこと、ぼくはできませんね。回数なんてどうやって測るんですか」

「こんなことより、テストの点数のベスト百人を発表すればいいんだ」

「そんなのには反対です」

などと意見が噴出し、収拾がつかなくなり、学年主任は、最後に苦笑しながらその具体策を引っ込めたのである。

指導目標では、なにも文句が出なかったのに、指導の具体的方針を統一しようとすると、分裂がおこったのである。それは指導方法を統一することは間違いだからである。その意味では、学年教師の態度は、きわめて健康だった。

その数日後、似たような事例がおこった。生徒指導部から「缶入りの飲料水の校内へ持ち込み、飲用、投げ捨て禁止の指導の徹底」という指導目標が提案され、全教職員が一致して「やろう」と決議した。

しかし、その具体策として「校門チェック」「もちもの検査」が提案されると、異論百出して、ついに分裂し、結果的に、差し戻しとなった。

こういう例をあげたらきりがないほどである。

それは、人それぞれのやり方があるからだ。教師は三年も過ぎると、自己の作風をつくりだし、五年もすると、一家を構えるようになる。たとえば、「叱る指導」の得意な教師、「ほめる指導」の得意な教師に成長するというようにだ。

ところが、「叱る指導」の得意な教師も含めて「ほめる指導」で統一しようとすると、これは拒否される。自分になじめない方法はしたくないからだ。と、そこが空洞化する。これが、学校指導体制の空洞化現象のメカニズムである。

一方、隣の教師は、どうしていいかわからないのだが、指導せざるをえない状況に追い込まれて、学級の子どもに向かって「学習への意欲を高めましょう」と説教した。それで、意欲が高まるなら、こんな楽な指導はない。あんのじょう、子どもはポカンとして聞いて、少しも高まることはなかった。こういう例も空洞化の一要因である。

発表しあってよい方法を探る

では、どうするか。二つの方法をとった。

一つは学習である。

合唱コンクールが開かれることになった。係の教師が、「学級でご指導ください」ということ、「どう指導するのか、教えてください」と声があがった。

夏休みの校内研修日に、係の教師が学級でどう合唱活動をすすめるか、ワークショップを開いてくれた。夏の暑い盛り、公園で練習した。教師が子どもになって、一つの合唱をつくった。

これは、学習によって、指導の具体を学ぶという方法である。

もう一つは話し合いである。こんなことがあった。

やはり学年会で、清掃係の教師が「掃除用具の破損がめだちます。学級担任はよろしくご指導ください」と要請した。前の例で懲りた学年主任は、「学年集会を開いて全体に注意しよう」という。

「それもいい方法だが、どう指導すればいいのか、話し合ったらどうだろうか。自分だったらこう指導するという案を出し合う。そうすれば、いろいろな指導法が出で、交流もできるし、それらの方法を参考に、自分の指導力を高めることができる」

そう提案すると、「そうしよう」となって、各自、「自分としては、こう指導する」と、指導方針を発表しあうことになった。

当時、学年教師は二十一人いたが、具体的な指導例は十二例もあげられた。たかが掃除用具の破損の指導に十二通りの方法が採用されていたのである。

その方法のなかには、わたしにはとうていできそうにないものもあったし、反対に、「これはいいなあ」という例もあった。

隣の教師は、「大切に扱うようにとは注意しますが、多分、徹底しないと思います。定期的に、ボランティアを募って掃除用具の修繕をしながら、掃除用具をきれいに飾ります」という方針を発表した。その活動をとおして「大切に扱うようにさせる」というのである。

とくに、「飾る」にはびっくりした。ほうきの柄に赤白青の布を巻いて装飾したり、バケツやちりとりにイラストを描いたりするというのである。

「これはおもしろい。いい方法だ。掃除道具を愛玩物にするわけだ」とほかの教師のもっとも採用率の高い具体策となった。

指導は教師の経験や人格と相乗しながら発揮される。見るからにこわそうな教師と見るからにひ弱そうな教師が、まったく同じ指導法によって指導を成立させることはできない。

まさに指導は、人それぞれが自分にもっとも適した方法によって実践する世界なのである。そのためには、多くの指導例を見、聞き、そのなかから、自分にもっとも適した指導法を発見し、つくりだし、みがきをかけていくしか方法はないのである。

その意味では、指導目標だけをきめ、その方法は、実践・研究によって交流し、検証するという方法こそ最適であろう。

統一指導の名のもとに、自分にそぐわない指導法によって指導させられると、かならず無理が生じ、指導不成立を招くことになる。

5 研究しながらすすめよう

なぜ「体育座り」なのか

体育館で朝礼があり、全校生徒が集まったとき、冒頭、体育の教師が、全校生徒に床に座るように指示し、その座り方は「体育座り」としたことがあった。「体育座り」の正式名称は「立膝＋抱え膝」で、立膝にして、両手で膝を抱える。

つぎの職員会議で、この座らせ方が問題になった。

「なぜ、勝手に座り方をきめたのか。体育の時間なら、体育座りでもいいが、朝礼は体育の時間ではない」という意見である。こういう意見の出る職場が健康である。

体育の教師は、

「勝手にきめてしまってすみませんでした。では、あらためて、床に腰を下ろして座るときは、体育座りにしたいが、どうでしょう。そう座ると、長時間座っても疲れないし、安定し、横振れもなく、正面を注視でき、かつ、手いたずらを防ぐことができます」

と効能を述べたが、みんなは納得しなかった。

「正座にしたほうがいい」

「いや、いまの子どもは正座はできないだろう。胡座でもいいのではないか」

「胡座ってなんですか」

「あぐらのことです」

「女子にはふさわしくありません。女子は横座りも認めるべきです」

「でも、横座りは蛙足といって下品な座り方だと指導されました」

「蛙足ともいうが、鳶足ともいうんです」

それぞれが蘊蓄を傾けだした。こういう職員会議はじつに楽しいものだ。座り方にもいろいろあることがわかってきた。

「では、座り方研究会を開きましょう」といって、研究することになった。主催は集会委員会である。

座り方は十二種類もある

まず、座り方にはいくつの方法があるか、研究した。集めてみると、十二例のあることがわかった。ちなみに、「抱え膝座り・立膝・胡座（胡床・あぐら・寛座）・正座・横座り（蛙足・鳶足）・片膝立ち・歌膝・箕座（箕居・投げ足）・結跏趺座・跪座・亀居（割座）・楽座（拝み足）・安座」

こんなにあったのかとびっくりした。座り方を集めたところで、三年生の一つの学級を借りて、実験した。集めた座り方を順番に試みた。

楽座をしたら後ろへひっくりかえってしまう子どももいた。結跏趺座はお釈迦様の座り方で、両足を組み、足の甲をももの上に乗せて座るのだが、これは「痛い」というので敬遠された。抱え膝座りは腰が浮いているので長続きしないということで、これも敬遠。

あとは子どもの好き好きで「これがいいや」と意外に評判がよかったのは「片膝立ち」だった。これは歌座にもすぐに変化でき、メモも楽にとれるところから、これを選ぶ子どももいた。女子は正座・亀座・投げ足・横座りを選ぶものが多かった。

ところで、どの座り方が身体にいいのか悪いのか、専門家の意見を聞くことにした。学区の整体士や校医に聞くと、「短時間だから、どの座り方で座っても、健康には影響はない。あえていえば、同一姿勢を長時間とらないで、ときどき姿勢を変えた方がいい」と助言された。

集会で座り方を教える

その助言を受けて、子どもに好きな座り方を選ばせようとなった。見た目に統一感がなくてもいいではないか。子どもたちの視線が集中する集会、私語や手いたずらのない集会は、姿勢もさることながら、集会の中味をよくすることで実現できる。集中させる工夫が大事で、そのために座り方を揃えることはない。子どもがもっともリラックスした姿態で聞けるようにしてやることが大事だ、となった。

しかし、それだけでは足りないとなって、朝礼のたびに、「今日は亀座という座り方を勉強します」と、毎回、二つずつ座り方を学習した。五回かかったわけだが、これがけっこう評判がよく、子どもも楽しみにするようになり、そのなかから自分にあった座り方を選ぶようになった。

なにごともそうだが、研究してみる。子どもの意見、専門家の意見を聞いてみて、いろいろ教えてみる。そして、そのなかから、いいものが判断できるようにするのが、自主自立の教育ということだろう。「こうすべきだ」「こうあるべきだ」という教師の一方的な思い込みで指導しないことだ。

6　あれやこれやと指導を楽しむ

「ガムの噛み捨て」作戦

学校が荒れてきて、廊下にガムの吐き捨てが増えたことがある。タバコを吸う子どもがいてガムを噛み、廊下に吐き捨てるのである。こうしたとき、「ガムを捨てるな」と口をすっぱくして説教してもなかなかうまくいかない。

そこで、わたしたちは、つぎのような構想をたてた。

①二段階作戦でいく。第一段階は、まず、ガムを紙にくるんで捨てるというマナーを教える。第二段階は、学校内でガムを噛まない、持ち込まないようにする。

②子どもに「ガムの校内噛み捨て」について短文を書かせ、廊下に貼り出したり、学活で話

し合ったりする。
③ボランティアによる「ガムかすクリーン作戦」を展開する。教師と子どもの有志で廊下や階段にこびりついたガムの掻き落とし作業をはじめる。

こういう全体構想のなかで、「第一段階。まず、ガムを紙にくるんで捨てるというマナーを教える」ことにした。むろん、反対もでた。

「ガムを紙にくるんで捨てるというマナーを教えることは、学校内でガムを噛むことを許すことにならないか」

「なぜ、直接的に、やめろと指導しないのか」

そういう意見がでたが、それで失敗しているんだから、いろいろな方法を試してみたらどうだろうとなって、まず、マナーを教えることにした。

「そらし」という裏技

三年生の学年集会を開いた。わたしがいった。

「みんな。ガムを噛んで捨てるとき、紙にくるんで捨てると思うが、このくるみ方に、技があるんだ。先生の研究によると、八つの形がある。aホイル包み式。b野球式。c両端捩じり式。d八つ折り式。eプレス式。fギョーザ式。g三角包み式。hちぎり絵式。この八つの方法だが、さて、みんなはどの方法を採用しているかな」

採用などしていないのを知っていて「どの方法を採用しているかな」といいながら、ガムの包み紙に似せて、模造紙半分大を用意し、実際に、その八つの包み方をやってみせた。

たとえば、ホイルに入れて蒸したり焼いたりするときの包み方を実演して「これがホイル包み式」、紙の真ん中にガムを置いて二つ折りし、さらに二つ折りし、さらに二つ折りして「これが八つ折り式」、ガムを細かく千切って、紙に貼っていくちぎり絵式には子どもは大笑いしながら熱心に見ていた。

要するに、ガムを紙にくるんで捨てるには、いくつかの方法があることを説明したのである。この例は『生活様式学入門』（扶桑社）に詳しく、この本を参考にした。

説明のあと、こう評価した。

「aは家庭的な人。家事手伝いをよくする親孝行の人。b少し乱暴な人。c子どもっぽい人。dていねいな人。e豪傑型の人。f愉快な人。g創造的な人。h暇な人だ。紙に包まないで投げ捨てる人、これは野蛮人。

そして、このなかで、異性にいちばんもてるのはどの人か。ある研究所で調べたら第一位は、なんとd、第二位はどれだと思う。gの三角包み式だ。三位はeプレス式。いちばんきらわれるのはbだ。コントロールのないくせにかっこよく見せようとして投げて失敗して汚すからだ」

「みんなはどれかかな。手をあげてもらおうかな」

「えーっ」

「手をあげてもらうのは、今度にしよう。それと、この包み方、今度の中間テストの問題にだすかな」

「えーっ」

「じゃ、定期テストにするかな」

「えーっ。なんの教科」

「ガム科だ」

「えーっ」

八つの方法を書いた説明書は廊下の壁面に貼っておいた。

こうすると、子どもたちの関心は「どの包み方」にするかへそらされ、廊下への噛み捨てはついに激減することになった。

これは「そらし」という裏技である。別のことへ関心をそらすことによって、その元になる行為をやめさせるという方法。これは世論操作としてもよく使われることがあるので、ご用心。

ともあれ、いろいろな手をくりだして、指導を楽しむことだ。

7　指導の優位性にたって徹底する

なにごとも徹底することは難しい

なにごともそうだが、徹底することは難しい。徹底そのものにためらいがあるからかもしれない。多少、アバウトのほうがいいのではないか。曖昧さやなまぬるさという「遊び」があったほうが、社会生活の潤滑油になるのではないか。そう考える人は多い。国民性ということもあるが、全体主義を味わったことのある日本人は、徹底にたいして潜在的な恐怖心を抱いているからであろう。

しかし、学校は徹底が好きである。徹底すると教育効果があがったと評価されるからである。とくに、管理的な徹底は大好きで、遅刻や服装など、みごとに徹底管理する。

だが、教育には管理的な徹底と指導的な徹底とがある。たとえば、「テストに百点をとれ」

と徹底管理することはできない。学習態度の徹底管理はできるだろうが、頭の中までは管理できない。できないのは、「テストに百点をとる」と管理することが間違っているからである。そこで、心ある学校では、「テストに百点をとろう」というように、指導的な目標に書き替えている。

学校は子どもの生命や健康を守らなくてはならないから、「人に危害を加えない」「ものを盗まない」ことについて、徹底管理することは必要だが、一方、「～しよう」というように、子どもの自発性を引きだしながらすすめることも必要で、そうした指導の徹底についても、その力量をみがかなくてはならない。

その力量がないと、なんでもかんでも管理的に徹底するしか能がなくなる。教育には、管理的に徹底したほうがよいことと、しないほうがよいことがあるのに、その区別がつかなくなる。そのことは「給食の残量」問題でもふれた。

では、「指導」の徹底とは、どういう実践をいうのだろうか。いろいろあるが、わたしたちは「子どもの自発性を引きだす」ことに徹底してとりくんだ。

以下はその例である。

子どもどうしの関係をつくる

子どものなかに、悪いことをするのがいる。そのとき、子どもどうし「やめろよ」といいあえる関係をつくれば、学校生活の規律性は向上する。

しかし、タバコを吸っている子どもに、ほかの子どもがいきなり「やめろよ」とはいえない。逆上して反撃してくるからだ。

そこで、あまり傷つけないような、軽いことから「やめろよ」といいあえる関係をつくりだす。たとえば、「ベルが鳴ったよ。席につこうぜ」というようなことで、そういわれても、あまり傷つくことはない。

しかも、ベル席を守ることは、学校生活の基本である。こんなことから徹底してとりくみ、子どもの力を育てていこうと考えた。

指導の徹底には四つの原則がある。

- 全校の生徒でとりくむ。
- 校長を先頭にすべての教職員でとりくむ。
- 集中してとりくむ。

●怒鳴ったり怒ったり、罰を与えたりしない。

このなかで難しいのは「集中してとりくむ」である。まず、とりくみの期間を設定したら、その期間、全教職員でとりくむ。その先頭に校長が立つ。

つぎのようにすすめた。

全校生徒総会で「ベルが鳴ったら席につこう」という目標を決定した。生徒会長が提案した。

「とりくみ期間は一週間。拡大生活委員会が中心になってとりくみ、最終目標はベル席違反を全校で一桁にまで減らします」

失笑がおこった。「できるはずがない」という嘲笑のなかで、しかし、拍手多数で決定した。ともかく、みんなできめた。

いよいよ、活動がはじまった。月曜日は様子見である。教師はいっさい指導しなかった。三時半、第一回の拡大生活委員会を体育館で開いた。集合したのは、校長をはじめ全教職員と生徒会役員、全校の学級・生活委員など二百余名。全校二十四学級あった。

議長が「本日のベル席違反数を発表してください」。

生活委員が調べた数を発表し、黒板書記が統計表に記入する。「一年一組」「百八人です」

……「二年五組」「百九十八人」……「三年八組」「三十五人です」。

三年生は少なかった。それにはわけがあった。この場面で三年生が多いと示しがつかない。そこで、一週間前からひそかに三年生はベル席違反にとりくんできた。これは裏技。なんといっても三年生の力なくしては成功しないからだ。

「発表します。本日の総合計は五千六十七人でした」

「ふぇー」とため息が出た。数字は、現在の子どもたちの力を表現する。いちばん少ないのは三年三組の十八人。いちばん多いのは一年三組の二百三十二人である。四十四人の学級だから、全員が一日中ほとんどベル席を守らなかったということだ。

提案者「提案します。明日は半分に減らしたいと思いますが、どうでしょうか」拍手。

「では、これから学級ごとに、半分に減らすにはどうするか。相談してください」

ここから教師の指導が始まった。教師のほうも研修会議をもって準備してきている。学級担任を中心に学級ごとの輪ができる。校長はいちばん多い一年三組の輪に入る。級外の教師は、所属学年の割り当て学級の輪に入って助言する。

と、三年三組の子どもが一年三組の輪にやってきた。

「明日の朝、三年三組からきみたちの学級を訪問します」

三年生が一年生の指導に乗り出してきた。一年生は緊張した。裏技の成果だった。

とりくみの方法を学びあう

火曜日からいよいよ学級ごとのとりくみがはじまった。火曜日の放課後、第二回の拡大生活委員会。

「本日のベル席違反を発表してください」「一年一組」「二十五人」……「一年三組」「二十九人」……。

「本日の総合計は五百六十人となりました。半分にするという目標は完全に達成しました」

どっと拍手がわいた。なんと一挙に十分の一に減らしたのだ。ベル席違反なんて、その気になればすぐに減らすことはできるのである。

水曜日、三百六十五人になった。この日は、全校の班長を交えて学級ごとに対策を考えた。三百人の学習会となった。

こうした情報は広報を通して全校に放送され、掲示され、各家庭に学校通信を通して通知された。

木曜日には、百十二になった。ほとんどの学級が二以下になったのに、めだつのは三年八組の三十五と二年四組の三十九である。全体会の後の学級会議では、この二つの学級に校長・教頭はじめ多くの教師が集まった。学級会議のあと、再び、全体会を開いた。三年八組の生活委員が「わたしの学級にいうことをきいてくれない人がいます。どうとりくんだらいいか、教えてください」

違反者にたいして、どういう対策をとるか、学習することになった。

「やさしくいうといい」「誘うようにいうといい」などと、いろいろな意見が出された。おもしろかったのは「校長先生から注意してもらう」という一年生からの意見に「自分たちでまずやってからお願いすることだ」と二年生が答えたことだった。

ついに一桁を達成

翌日の金曜日、三年八組の朝の会には、校長ほか学年教師全員が参加した。校長は発言を求めて「最上級生として模範を示してほしい。友だちの正しい声に耳を傾けてこそ、真の友情が育つ」そんな話をした。つぎに多かった二年四組には、教頭と生徒会の執行部と三年四組が学級訪問して呼びかけた。

かくて、金曜日、ついに、全校の違反は八にまで減った。「一桁にする」といったとき、失笑がわいたが、ついに達成した。生活委員の子どもの眼に涙がにじんでいた。

叱らず怒らず、怒鳴らず、罰を与えずに規則を徹底することはできるのである。ベル席違反の激減とともに、授業への集中性は高まり、掃除サボりも少なくなり、学校生活のあらゆる場面にその効果があらわれた。

この活動の成功は、四原則にあったが、とくに、校長の率先力がものをいった。かれはまことの教育者であった。

このとりくみで子どもたちも自信を得た。「やればできるじゃないか」と、自主活動に弾みがついた。

もっとも、なにごともそうだが、緊張が切れれば元に戻る。十月になって体育祭が終わると、ベル席違反がめだつようになった。しかし、一度成功したとりくみである。

生活委員会が再び本腰をいれてとりくむと、また、守られるようになった。子どもたちが、お互いに、肯定的な影響力を発揮しあう力が少しずつ育ってきたからである。

第4章

自治の力を育てる

1　師弟志を一つにすれば成功す

自分たちの問題を自分たちで解決する力

　教師が「いじめはやめよう」「廊下は走るな」「遅刻するな」「カンニングは禁止」「携帯電話禁止」などと指導する。だが、子どもたちが本気になって「やめよう」としなければ、その指導は成功しない。

「師弟志をひとつにすれば成功す」で、指導が成立しないのは、教師はそう思っているのだが、子どもたちがやろうとしないからである。もしも、両者の気持ちが一つになれば、かならず成功する。教師がやめろと指導し、子どもたちもお互いに「やめようぜ」と注意しあえるという状況である。

　わたしが子どものころ、子どもたちはお互いに「やめようぜ」と注意しあえた。師弟の志をあえて一つにすることもなかった。子どもたちの問題の多くは、子どもたちが解決していた。

　わたしは子どものころ、いばっていて、いじめっ子だったが、ある日、親しい友だちの家にいくと、その兄がでてきて、わたしに「お前、いばってるんだってな。あんまりいばるな」と注意された。

　また、学校の帰り道、上級生が、わたしを追い抜きながら「家本、おまえ、大沢を気絶させたんだってな。弱いものいじめするな」とすごんでみせた。

　わたしは、こうした経験のなかで「自分はいばっていて、弱いものいじめしているのかな」と思って、自分の言動を反省したことがある。だが、「いばるな」「弱いものいじめするな」と教師から注意されたことは一度もなかった。

　子どもたちのなかに、弱いものいじめは許さない力がはたらいていたのである。そういう力を自治の力という。だが、現在、子どもたちは自分たちの問題を自分たちで解決する力を失ってきたようである。

　したがって、「師弟志を一つにすれば成功す」るためには、子どもたちの自主性を育てなくてはならなくなった。

自主性を育てる大切さ

　ところが、「自主性を育てる」という実践課題があまり聞こえなくなった。「自治の学園」という言葉も、校歌だけに残る空文になり、現実の学校では、教師の仕切る姿がめだつようになった。自主性は最高の道徳性だということが忘れられたようである。

　朝の会も、「教師がいかないと始まらない」という。朝の会など学級担任がいなくても、子どもたちの力で十分やれるはずなのにだ。

　しかし、「学級担任がいなくても朝の会が自主的に運営できる学級をつくろう」という方針をもつ教師も少ない。そのくせ、「朝の会が始まっているのに、席にも着かずに騒いでいる。まったくしようのない子どもたちだ」と憤っている。

　先日も、ある教師のグループで、授業の話になって、「子どもたちの学習意欲がない」「私語が多い」「ベルが鳴っても、教科書もだしていない」それで「困っている」という。

　「困っているのはわかったが、では、どんな対策を立てているのか」と聞くと、教師による注意と説教である。指導の基本は教師の指導言だから、注意や説教が悪いというのではないが、教師の注意と説教だけでは絶望的である。どうして、子どもたちがとりくむように育てないのだろうか。

たとえば、英語の教師なら、授業クラスに英語の係をおく。何人おいてもいい。その係が英語の授業が始まったら、みんなを席に座らせ、授業の準備をさせる。教師が教室へくるあいだ、係の子どもたちが、英語クイズをだしたり、教科書を読ませたりする。

そんなことさえもやってない。それでいて、「授業が始まったのに、席についていない」と困っている。

「もっと子どもたちの力を引きだしたらどうだろうか」そういうと、「いまの子どもたちには自主性なんかない。なにをやらせてもろくなことはできない」と嘆く。

たしかに、子どもの自主能力は衰えているが、さて、教師が嘆くほどに衰えているだろうか。

遊びにみる自主性

休日になると、わたしのマンションの中庭で、子どもたちが遊んでいる。その子どもたちの様子をみていると、「いまの子どもたちは自主性がない」とは思えない。

つい先日の休日の朝、隣の小学校へ通う子どものところに、友だちが「なわとびしよう」

と、誘いにきた。二人が連れ立って、中庭にでて、なわとびをはじめた。一人がミスすると、もう一人が縄の握り方を教える。そのとおりにやると、「交差跳び」ができるようになり、「じょうず。じょうず。うまくなったじゃん」とほめていた。

そこへ、また、二人の子どもがやってきた。「四人で遊ぼうよ」となって、長いあいだ、なにをして遊ぶか話し合っていた。鬼ごっこになって、じゃんけんして鬼をきめた。鬼がマンションの玄関フロアに隠れると、もう一人が「そこはだめ。そこで遊んではいけないのよ。中庭のどこかに隠れるのよ」と注意していた。

こうして、ひとしきり遊ぶと「おもしろかったね。じゃ、またあした。明日は馬門山へ行こうよ、ね」と約束して、別れていった。

この間、約二時間くらいだったろうか。これ、すべて自主活動である。大人の指示や介入は、いっさいなかった。

この自主活動の中身を細かくみていくと、こうなる。

●友だちをさそう　……………………自主組織
●「なわとびしようよ」　……………自主提案
●なわとびを教えてやっていた　……自主指導

●「じょうず」とほめた……………自主評価
●なにして遊ぶか話し合った……………自主討議
●鬼ごっこにきめた……………自主決定
●隠れ場所を注意した……………自主管理
●みんなで遊んだ……………自主活動
●「おもしろかったね」……………自主総括

このような自主性がはたらいていたことになる。つまり、子どもたちの遊びのなかに、いくつもの自主性がみられた。

自主活動とは、そんなに大きな力を必要としない。ささやかな、なんとはなしにはたらく、ごく平凡な、どこにでもある力が集積して「自主性」を構成し、その「自主性」が、内にはたらくと「自立」を助け、外側にさらに硬度をましていくと「自治」になる。自治まではいかなくても、遊び程度の自主性なら、どの子どもも身につけている。

いまの子どもたちには、たしかに自主性が衰えたようにみえるが、この遊びにみるように「ことしだい」によっては、まだまだ自主性を発揮するのである。

その自主性をさらに引きだし、みがいていけば、十分に自主活動は可能なのである。

自主能力がないといわれる理由

では、どうして「いまの子どもたちは自主性がない」とみられてしまうのだろうか。二つの理由がある。

一つは、昔の子どもと比較するからだ。「昔、教えた五年生は、掃除するにしても、自分たちで分担表をつくって、公平になるように割り当てていたが、このごろの五年生は、分担してとりくむことをしない。いちいちいわないとやらない。まったく自主性がないんだから」

たとえば、このように比較する。しかし、比較してはかわいそうだ。子どもたちはゆっくり発達しているのである。

学校は、十五歳元服説のもと、教育課程を編成している。中学校を卒業して実社会に巣立つ子どももいるからだ。しかし、現在、十五歳元服説で子どもを育てている家庭はない。子どもも十五歳で元服しようとは思っていない。家庭や社会は、三十歳元服説で動いているようだ。

にもかかわらず、いまなお、学校だけが十五歳元服説にたって子どもたちを指導している。このずれが教師をいらだたせ、「自主性がない」との嘆きを生みだしている。

三十歳元服では少し遅い気がするが、学校も、周囲の状況にあわせて、ゆったり気分で子どもを育てたいと思う。昔の子どもと比較しないことだ。

もう一つの理由は、教師の考える自主性と子どもの考える自主性との違いである。教師は、「お互いに私語はやめましょう」と指導すると、子どもたちは私語をやめ、私語する子どもには注意するという自主性を想定している。教師の指導にすすんでしたがうこと、その「すすんで」が自主性だと思っている。

たしかに、教師のいうことをすすんで守ることも自主性だが、ときに守らないことも自主性である。「お互いに注意しなさい」と教師はいうが、「とても注意できない」として注意しないことも自主性である。状況も考えずに注意して、暴力的な反撃を受けたら困るからだ。だから、自主判断して注意しない。

このように、教師が指示しても、自分が判断して守らないことも、自主性なのであるが、教師のなかに、そうとらえられないものが増えてきたのである。

「こと」と「しだい」による

では、どうするかだが、意識的に、子どもたちの自主能力を育てることである。そう難しいことではない。というのは、「こととしだい」によっては、子どもたちは自主的に活動するからだ。

まず、その「こと」だが、「こと」とは活動内容をいう。

活動内容がおもしろいと「やろう」となるから、そういう魅力的な活動を用意する。先のマンションの子どもたちの例をみるまでもなく、「遊び」がある。あるいは、「誕生会」のような楽しい活動もある。そういうわくわくするような活動なら、子どもたちはすすんでとりくもうとする。

ところが、「校則を守ろう」というように、子どもの自主性を学校管理に用いようとすると、子どもたちはにわかにしょぼくれて、無気力になる。その様子をみて「自主性がない」ととらえては、おかどちがいというものである。

それは「こととしだい」の「しだい」がよくないのである。「しだい」とは「やり方」をいう。教師がやらせるのか、子どもたちがやるのか、それが「しだい」である。

なにごともそうだが、最初は教師が導入してもいい。だが、その過程において、子どもたちの意見や要求を聞き、その意見を企画に加え、その要求を方針に反映しながら、やがて、子どもたち自身の力でやり遂げるようにしていく。

そういう「しだい」がみえたとき、子どもたちは意欲的に、自主的に「やろう」と立ち上がってくる。教師がきめたことをきめたとおりにやれといわれても、自主的にとりくむ気にはなれないのである。

この「こと」と「しだい」とは、別の言葉でいえば、活動内容と組織過程というが、その民主化のうえに、子どもたちの自主活動は成立し、活性化するのである。

自主性を育てるすじみち

ところで、自主性を育てるというのは、子どもたちに、好きにやらせることではない。順次、育てていくのである。一人の子どもを育てるのと同じである。幼児に「産んでやった。あとは好きに生きろ」とはいわない。学級も最初は幼児のようなもので、なにも知らないのだから、少しずつ教えていく。

たとえば、朝の司会が自主的にできるようになるまでを考えてみよう。いきなり「やってみろ」といってもできない。そこで、少しずつ、できるように教えていく。

①教師がやる
②教師がやってみせる

③教師は子どもといっしょにやる
④子どもにやらせてみる
⑤子どもがやる
⑥かわりばんこにやる

こういう順序である。

まず、朝の司会を教師がやる。やってみせる。演技的に強調してやってみせる。子どもが「かっこいいなあ。やりたいなあ」と思うようにやってみせる。

つぎに、いっしょにやってくれる班を募り、やり方を教えながら、いっしょにやる。慣れてきたら、だんだんと教師が引いて、「自分たちでやってみよう」とやらせる。

やがて、その班ができるようになる。一つの班が自力でできるようになると、班替えがあるたびに、学級のなかに、その技が広がり、やがて、かわりばんこにできるようになる。

こういうすじみちである。ただし、どこから始めてもよい。中学生なら、④段階から始めてよいだろう。目標は⑤段階。そうなって、はじめて「自主的にできるようになった」といえる。

むろん、すんなりとはいかない。うまくいかなくなったらフィードバックする。

④段階からはじめたのだが、どうもうまくいかない、としたら、③段階へ戻る。教師は司会する子どもたちの側について、小さい声で「質問をとったら」などと助言する。

それでも、うまくいかなかったら、さらに②段階へ戻る。子どもといっしょにやる。教師も「では、おしゃべりやめて。歌声の時間でーす」などと、司会の一部を担当する。できるようになったら③段階へすすむ。

こうして、ゆきつ戻りつしながら、⑤段階から⑥段階へとすすんでいく。

教師は万能を求められる

となると、じつは、教師自身が司会のしかたを知っていないと指導できない。知らないために学級が崩れることもある。

学級を担任すると、教師はあらゆる指導を要請される。「教師は教科指導ができればいい」と思っていたおおまちがい。運動会になれば、走り方、リレーにダンスにむかで競走、ライン引きからピストルのうち方、文化祭になれば合唱・群読、さらに、遊びや掃除に会議の指導、保健衛生の知識も必要だ。

教師の指導は百科にわたり、指導せざるものなしというほどである。指導できないと、

「こうするといいよ」と教えられないから、「ちゃんとやれ」「しっかりやれ」「がんばれ」と、もっぱら副詞と動詞でしかはっぱをかけられなくなる。トイレ掃除など、「こうするんだ」と手とり足とり教えられず、「しっかり」「きちんと」「うんと」「がんばれ」だけでは、子どもは困ってしまう。こうして、指導に的確性を欠き、学級の崩れを引き起こす例は多い。

すべてに精通することはできないが、ことにあたり、自ら積極的に学びながら、子どもに指導する内容を身につけなくてはならない。そうしないと、自主的な学級はつくれない。

自主的な学級をつくることは学級担任の重要な仕事である。学級を担任したら、そのことをめざした一年にしたいものである。

「学級指導は学級つくりにあり」という。「学級つくり」とは「学級をつくる」という意味である。だが、「だれ」が「どんな」が抜けている。そこを補うと、「学級づくり」とは、「教師と子どもたちが自主的な学級をつくる」となる。それでは長いので、これを縮めて「学級つくり」というようにした。

学級指導の大半の主題は、この「学級つくり」にある。だから、自主的な学級をつくれなかったその年は「ミスった」となり、ミスが続くと「担任を辞退したら」などと、辛辣な言葉を投げつけられることになる。

2 リーダーを育てる

「やめろ」といえないのは

子どもたちに「カンニングをみたらすぐにやめるようにいいなさい」と、指導したからといって、すぐに、不正にたいするとりくみが始まるものではない。

企業や官庁で、いろいろな悪事が発生している。そのなかで感ずることの一つに、自浄能力の稀薄さがある。どこにも、悪いことをする人間はいるが、そんなとき、どうしてまわりの人が「やめろ」といわなかったのだろうか。

一つは、悪いことだという認識がなかったことがあげられる。みんながみんな悪に汚染されていて、悪とは感じられなかったということ。

二つめは、「やめろ」というと、人間関係がこわれ、職場のなかで浮きあがってしまうことを恐れたこと。

三つめは、不利益を恐れていえない。悪事のなかには「会社のために、あえておこなっている」ということがあるので、「やめろ」というと、「会社に不利益をもたらす言動」として非難され、ときに、迫害されたり、人事報復を受けたりするからだ。

このように、大きく三つあるが、そういう実態を知るにつれて、どいつもこいつも正義感のないやつばかりだと、怒りたくなる。

しかし、人はみんな自分がかわいいから、悪いことと知っても、「見ざる、聞かざる、いわざる」の三猿になったとしても、一概に、卑怯者とばかりはいえないのでる。

似たようなことは、教育現場にもある。わたしもある。たとえば、学校のなかに体罰がある。それが先輩教師だと、なかなか「やめろ」とはいえないというようにだ。

教師がそうだから、むろん、子どもたちのなかでも、仲間のなかにある不正について、「やめろよ」とはいえずに、口を閉ざすという例がある。たとえば、ある学級でいじめがおこなわれているが、「やめろ」とはいえない。

なぜ、いわないのだろうか。正義感がない、仲間意識が乏しい、自分勝手だ、理由はいろいろ上げられるが、いじめについていえば、

●いじめだという認識がないことがある。「遊んでいるのかと思った」と答えた子どもがいる。
●「あいつはいじめられて当然だ」と思うので、なにもいわないという例もある。
●「やめろ」というと、「ぶりっこ」と非難され、友だち関係がこわれ、学級のなかで浮いてしまう。
●「やめろ」というと、今度は、自分がいじめの標的にされるので、こわくていえない。
こんな理由も上げられるが、子どもも大人も同じである。

不正への対処を考える

子どもたちの不正は、教師のいない、眼の届かない場所でおこなわれる。たとえば、「スーパーでものを盗んだ」「神社の境内でタバコを吸った」「学校の空き部屋で暴力をふるった」「人気のない公園でたかった」というようにである。

そういう友だちの不正をみたとき、どうするか、むろん、教師は子どもたちに教えている。

A教師は、「『やめなさい』といえ」と教えた。黙って見過ごしてはいけない。黙って見過ごすことは同罪である。それはほんとうの友情とはいえない。相手に嫌われても、疎外されてもいわなくてはならない。いわないことは、正義に悖る行動であり、良心に恥じる行為である。勇気をだして「やめろ」といおうではないか――。

A教師の指導は、たしかに正しいが、正しすぎて多くの子どもはついていけない。そう簡単に「やめろよ」なんていえるものではない。いじめている連中が暴力的な子どもたちだったら、こわくていえるものではない。

B教師は、「自分たちで解決できなかったら、先生に知らせろ」と教えた。もっと強い力を借りて、やめさせるのだと。

次善の策であるが、これもなかなか子どもたちには受け入れられない。「チクリ」になるからだ。仲間を裏切ることはしたくないのである。教師を信用している、いないにかかわらず、告げ口はしたくない。同世代感情がはたらき、さらに、告げ口する自分が卑小で哀れにみえるからだ。

C教師は、「先生にいえなかったら親にいえ」と教えた。「親の知恵を借りるのだ」と。こう指導する例は少ないが、一つの導き方である。

子どもは保護者に話すが、そのとき、保護者がどう対応するかが問題だ。ある親はこういった。「そうかい。けど、よけいなことをいうんじゃない。それは先生たちの指導が悪いんだ。触らぬ神に祟りなしだ」。

なかには、子どもにはないしょで、いじめている子どもの保護者に「お宅のお子さんがいじめている」と電話した例があるが、相手が素直に応じてくれるとはかぎらない。自分の子どもの実像がみえない保護者がふえていて、「なんだと」と逆に差し込まれることもあるので、うっかりと知らせることもできなくなっている。

以上、大きく三つの例をあげたが、それぞれ一長一短、これだけではなかなかうまくいかないのである。

ほんとうは、四つめに「警察や児童相談所に訴えなさい」があるのだが、多くの教師は採用しない。「子どもの指導は学校で」という矜持？　というより囲い込みと外部の介入を嫌うからだ。そうなると、あとは、教師が眼を光らせて、子どもが悪いことをしないように「見張る」しかなくなる。見張りがうまいと摘発できるが、見張りが下手か、子どもの知恵が上回ると、教師の眼に触れることはなく、地下に不正の根がはびこっていく。

自浄能力は自治の力

いまの三つの指導例のなかで、理想はAである。子どもたちが「やめろよ」というようにすることである。

子どもたちの世界は、本来、自治的であって、不正にたいして、注意してやめさせる潜在的な教育力がある。

その力が年々衰えてきている。だが、ゼロになったわけではない。多くの子どもは「不正はよくない」と考え、不正をみれば「やめさせたい」と思う。そういう良心は、子どもたちの心から消えてはいない。とすれば、なんとか、その力を引きださなくてはならない。

子どもは悪いこともする。ときに、見て見ぬふりをしたり、同調したり、被害を受けたり、泣き寝入りしながら、人生や社会を学んでいく。

問題行動のない学校は理想だが、あればあったで、子どもを育てる材料として活用していくしかない。悪いことをする子どもがいれば、その影響を受けるものもでてくるが、逆に、悪に抗する力も育っていく。生徒指導も、そうしたゆるやかな視点が求められる。

教育は「きまり違反をしない子ども」を育てると同時に、「悪いことをさせない子ども」「きまり違反をやめさせる仲間どうしの力」を育てることも大事な目標である。その力がないと、公衆道徳は育たないし、社会正義が確立しなくなる。

生徒指導とは、子どもが悪いことをしないように指導すると同時に、悪いことをさせない力を育てる営みだからだ。言葉を換えれば、「子どもがよいことをするように指導する」と同時に、「よいことをさせる力を育てる」ということでもある。

近年の教育は、どうも前者だけに力点が注がれ、「悪いことをさせない子ども」を育てる視点が鈍ってきている。それは、生徒指導のテーマではないと考えているからか、それとも、生徒の問題行動が量質にわたって大きくなり、とても、「させない力は育てられない」とあきらめているからだろうか。

だが、問題行動の多くは、教師のいないところで発生するのだから、子どもがやめさせる力を身につけないと、問題行動に染まる子どもは増えていく。その行き着くところが、学級・学校崩壊である。

この指導は難しいが、だからといって、子どもたちに「やめさせる力」など育てられないとあきらめたら、問題行動はさらに広がっていくことになる。その結果、「やめさせる」自治能力は育たず、長じて社会人になっても、職場や社会の「きまり違反」にたいして、抑止力がはたらかなくなる。

では、「やめろよ」「やめなさいよ」という力をどう子どもたちに育てたらよいのだろうか。

正義はしばしば孤立する

これは、わたしの経験だが、ある田舎町の駅の待合室で、酒に酔った三人の暴力団風の若い男性が、若い玄人すじの女性に性的ないやがらせをしている現場に居合わせたことがあった。待合室には二十人くらいの人々がいたが、みんな見て見ぬふりをしている。

わたしもその一人だった。「やめなさい」といいたいが、いかにもこわそうな連中で、なにかいって暴力をふるわれたら困る、そう思ったからだ。

このとき、ふと思った。では、どういう条件が成立すれば、わたしは「やめなさい」といえるのだろうかと。

その条件はすぐに理解できた。わたしが「やめなさい」というと、そこにいる人々がいっしょなって「やめなさい」といってくれることである。みんなが「やめなさい」と、いっしょにいってくれることが信じられれば、わたしは立ち上がって「やめなさい」といえるのにと思った。

だが、そこにいる人々を見ると、とても、いっしょにいってくれそうにない。信じられないのである。その思いをふりきって、「百万人といえどもわれ行かん」という気持ちには、とてもなれるものではなかった。

このとき、子どもも同じなんだと思った。仲間が信じられれば、だれでもが「やめろよ」といえるのではないか。その仲間を信じるということが「連帯」ということである。

一人ひとりの子どもは弱い。その弱い力をどう強い力にするのか、それが「連帯」である。あの「スイミー」の話のようにである。

とすると、どう子どもたちの連帯を育てるのか。交わり能力の衰退が叫ばれるなか、そう簡単には連帯を育てることはできないだろう。

毎日の学級生活のなかで、ともに話し合い、いっしょ仕事をし、とりくみ、ときに、裏切ったり裏切られたりしながら、やがて、仲間としての紐帯を結んでいく。

その作業が「学級つくり」であるが、その実践を積み重ね、やがて、子どもたちがお互いに信ずるに足る存在として確信できるようになったとき、はじめて、勇気をふるって「やめようぜ」と要求することができるようになる。

そして、その要求に押されて不正がやんだとすれば、「やめようぜ」という言葉の裏に、不正を許さない学級全員の強い意思を感じたということになる。連帯が力をもった瞬間である。

正義はしばしば孤立する。だが、孤立させないように、それへの支援の力をどう育てるのかも、教育の重要な課題である。そのことを忘れ、ただ子どもたちに正義を求めても、子どもたちは困惑するだけだろうと思った。

「もう、おやめなさい」と撃退

もう一つ、わたしの心にあらわれたのは、「駅員はなにをしているんだ」という怒りの感情である。

「待合室で、こんな暴力がおこなわれているのに」——そう思って、はっとした。これも、子どもたちと同じ感情なのではないか、と。

たとえば、教師のいない教室で、暴力がおこなわれている。しかし、教師は気がつかない。このとき、子どもたちは、心中、暴力をふるっている子どもに非難を集中するが、やがて、このことに気づかない教師に不信感を抱くようになる。

教師にしてみれば、知らないことは指導できないのだが、子どもはそうは思わない。「それを知るのが教師の役割ではないか。日ごろ、でかいことをいってるくせに、こんな大事件を見逃していいのか」ととらえ、教師不信を募らせるようになる。正義派の子どもほど、陥りやすい傾向である。この構造が、正義派の転落するメカニズムであった。

そんなことを考えていたら、周囲から囁きがおこった。

「だれかやめさせる人いないの」

「おまわりさんを呼んだら」

「駅員はなにしているのかしら」

知らんぷりしていた人々の顔が上がり、「なんとかしなくては」という思いが広がってきた。ようやく「このままではいけない」という連帯の感情が醸成されたのである。しかし、そのつぶやきはすぐに消えて、また沈黙が支配するようになった。

と、わたしの隣に座っていた七十歳代の老婦人が、わたしをつっついて、

「やめさせましょう」

という。

「えっ」

わたしはどきっとした。腕力には自信がない。われながら情けないと思いながら怯むと、

「みんなで、やめさせるのよ」

と老婦人は立ち上がった。

わたしもつられて立ち上がり、隣の人をつっつき、さらにその隣の人をつっつくようにう

ながし、いっせいに立ち上がって、暴力団の近くに寄っていった。

暴力団は鋭い眼でわたしたちをにらみつけ、「なんだ。この野郎」とすごむと、みんな一歩引いて、押し黙ってしまった。

すると、老婦人。

「もうおやめなさい」といいながら、被害を受けている女性の手をとって、「こっちへいらっしゃい」とその場から引きだした。暴力団は「なにすんだ」と怒鳴ったが、

「もういいかげんにおやめなさい。ねえ、みなさん」

と、老婦人はわたしたちを誘った。その声に、わたしたちも勢いづき、声を揃えて、「おやめなさい」と叫んだのである。すると、後方から、

「お巡りさんがすぐにくるそうです」

と叫ぶ声が聞こえた。むろん、偽情報だろう。

こうして、暴力団を撃退した。その逃げる暴力団をみて、それまで、椅子の後ろに隠れていた紳士が立ち上がり、「許さんぞ」と拳をふっていた。また、このセクハラをニヤニヤしながら見ていた人々はこそこそと立ち去っていった。

この間、わずか一分くらいのことだった。

リーダーは必要である

「このことはよくないことだ。やめさせなくてはならない」そう論理的に連帯しても、そう簡単に行為・行動にうつすことはできない。認識と実践のあいだには、大きな隔たりがあるからだ。そのあいだを埋めるには、先頭に立って実践する人、すなわち、リーダーが必要であった。

この場面で、最初に「やめなさい」といいだすことはとても勇気がいる。老婦人は勇気をふるい、周囲の人々を組織し、みごとに撃退した。すごいリーダーだった。

ところで、リーダーが動くと、その力を得て、あとに続いていいだすものもでてくる。それが、わたしたちのような「協力者」である。さらに、逃げたあとから、拳をふって加勢したのは中間層である。むろん、ニヤニヤしながら見ていて、協力しない人もいた。

とすると、この待合室には、セクハラをめぐって、五層の人々がいたことになる。

A　リーダー
B　協力者
C　中間層

D　ニヤニヤ見ていた人
E　セクハラした人

この五層の構図は、学級集団の場合も同じである。Aの子どもが立ち上がるとBも立ち上がり、その勢いにCも立ち上がり、Eの行為を阻止するというダイナミズムである。

だが、Aが立ち上がらないかぎり、Bは動かない。その停滞はEの力を増大させ、DをE化する。そうなると、CはDになっていく。CがD化すると、BはCに引き寄せられ、こうして下へ下へと落下し、最後は全員、D・Eになってしまうという学級総崩れになる。これが学級総崩れのメカニズムである。

とすると、学級のなかにAのようなリーダーを育てなくては、暴力や不正にたいして「やめようよ」という勢力をつくることはできない。

だが、「リーダーはいらない」という声もある。

「学校でリーダーを指導するのは、差別教育だ」「リーダー指導をするなら全員をリーダーに育てろ」という意見もある。

たしかに、社会の指導層に問題が多く、年がら年中、テレビの画面に出演しては「ごめんなさい」と頭をさげて謝っている。リーダー不信は広がっているが、リーダーの力は無視しえない。総理大臣や都知事をみると、よくわかる。スポーツの監督をみても、よくわかる。学校も同じで、校長のありようで、働きやすくなったり働きにくくなったりする。あらゆる場でリーダーは強い影響力を発揮しているのである。

子どもの場合も同じで、子どものなかにあるリーダーシップのいかんによって、学校生活のモラルや規律が確立したり崩壊したりする。リーダーシップは、仲間の人権を守り、発達を保障する「良心と友情と正義の力」の発現形態だからだ。

「良心と友情と正義の力」の発現形態

現在、多くの教師は、学級のリーダー不在で困っている。それは、リーダーがいないのではない。女子グループや非行子ども集団にみるように、否定的な影響力を与えるリーダーばかりがめだち、肯定的な影響力を与えるリーダーがみえないからである。

だが、皆無になったわけではない。ただ、眠っているのである。「学校でタバコを吸うこと」「暴力をふるうこと」について作文を書かせると、百パーセント近い子どもが「よくない」との認識を示す。しかし、その認識が先の老婦人のように、先頭にたって実践する姿として表現されないのである。

リーダーは育てなくてはならないのである。そのためには、リーダーシップを育てることに心がけることである。リーダーは、リーダーシップの肉体化されたヒーローである。

学級には名目的ではあるが、組織としてリーダーがいる。学級委員・生活委員というような児童会・生徒会の役員、さらに、班長がいる。当番長もいるし、係長もいるし、イベントには実行委員長がいる。議会になれば議長が選ばれる。こうした子どもたちはすべてリーダーである。リーダーの指導というと、こういう子どもたちが対象になるが、これらのリーダーに求められるのは、リーダーシップである。

リーダーシップとは、メンバーに肯定的な影響力を与える作用をいう。むろん、肯定的な影響力には個人によって強弱がある。最初から強くて大きなリーダーシップを望んでも、無理である。少しずつその力を育てていくのである。

リーダーシップを発揮する機会を与える

第一に、すべての子どもに、リーダーシップを発揮する機会を与える。

班には班長がいるが、班長になにもかもさせている実践が意外に多い。

ある小学校六年生の学級会を見学した。教師が紙を配るとき、「班長さん、取りにきてください」と班長を集めて配布し、ついで「班長さん、班の人が書けているかどうか調べてください」と調べさせ、最後に「班長さん、集めてください」と集めさせていた。

あとで聞くと、このクラスの班長は、班をまとめ、当番長もやり、班係活動の責任者もやり、班会議の議長もやり、原案をつくるしごとをもっていた。そのうえ、プリントを配布し、それを調べ、集めるしごとまでさせられている。これではたいへんである。よほどのエネルギーがないと班長はつとまらない。

なるべく、班のなかでしごとを分担しあうようにする。班はいろいろなしごとをするが、それをわけあうのである。

班のなかに、つぎのようなしごとをきめたことがある。
●議長。班会議の常任議長。
●係の責任者。班が分担している係活動の責任者。
●掃除の当番長。
●書記。班活動を記録する係。
●学習ガイド。勉強がわからないときに教える人。
●スポークスマン。班を代表して発表する人。

●集配係。プリントや提出物や宿題を配ったり集めたりする。
●資料記録係。学級活動の原案やプリントなどファイルしておく係。
●レク係。親睦をはかるための班のレクリエーションやパーティーを企画し実行する係。

班員が、こうして班のしごとを分担することは、班活動を活性化し、班長の負担を軽減するだけではなく、一人ひとりの子どものーダーシップを育てることができる。さらに、新しいリーダーを誕生させることにつながる。

さらに、学級に多様な実行委員会を組織して参加をうながすことも考えられる。

子どものなかには、「リーダーとしてがんばってみたい」ものもいるが、経験不足で、自分がリーダーとしてやっていけるかどうか不安に感じ、積極的に名乗りでてこないことが多い。だから、それぞれの子どもが、リーダーシップを発揮できるしごとにつき、経験を重ねるなかで、リーダーのしごとに自信をもち、「よし、やってみよう」という自覚的なリーダーを生みだすのである。そのために、班内部のしごとを責任分担したり、実行委員会に入って活動させたりして、リーダーとして引きだしてくる。

その結果、たとえば、当番長を経験した子どもが、つぎの班長選挙に立候補することもおこってくる。

小さな影響力の発揮

第二は、リーダーシップとなる行為・行動を教えることである。

子どもは、自分が仲間にたいして、どんな影響力＝リーダーシップを発揮しているのか無自覚なことが多い。そこで、「こんなこともリーダーシップなんだよ」ということを理解させる。

理解のさせ方は、できるだけ、子どもの実践に則して教える。「君がさっき、先生に叱られた山本さんに小さい声で『気にしない。気にしない』と声をかけた。そういうことがリーダーシップなんだ」と。

子どもはこんなことがリーダーシップなのかと思うだろう。だが、ささやかな励ましも、りっぱなリーダーシップなのである。

それぞれの子どもの肯定的な影響力は弱くとも、自分の得意とする、自分のできる範囲の、個性にあったリーダーシップを発揮すればいいのである。ジョークの得意な子どもはみんなが沈んでいるときに笑わせる、勉強の得意な子どもはわからない仲間に教えてやる、重そうな用具をいっしょに運んでやる、先生に叱られた仲間がいたら、夜、電話して慰めてやる。

こうした行為もリーダーシップであることに気づかせていく。

強いリーダーシップをいきなり育てることはできない。小さい善意や友情や励ましや気遣いを寄せ集め、ふくらませながら、太くて、したたかな、強いリーダーシップへと成長させていくのである。

第三は、個々の子どものリーダーシップは弱いので、それをかげから支える力が必要である。その力は三つある。

①教師のリーダーシップ

教師のリーダーシップ＝指導性は、子どものリーダーシップの原形でもある。ここがしっかりしていると、個々の子どものリーダーシップも励まされる。

そのリーダーシップは二つある。

一つは、たとえば、困っている子どもへ「どうした。おなか痛いのかな」といった声のかけ方・接し方。こういうはたらきかけが範示となって、子どもたちを導く。

もう一つは、リーダーシップを発揮した子どもをほめることである。

②班長会のようなリーダー集団の確立

帰りの会で、班長会から「今週、活躍した人」を発表する学級がある。班長会の代表が、「一班は遠藤君です。あだ名をいってからかった人に、遠藤君が『やめような』といいました。ついうっかりいっしょになってからかってしまいますが、遠藤君はぐっとおさえて、その人を守りました」

こう評価することで、遠藤君のリーダーシップは強い支持を得ることになる。こうした支えによって、個々のリーダーシップがはたらきはじめ、太くなり、そのなかから、いくつもの強いリーダーシップの発揮がみられるようになっていく

③子どものなかの「そうだ。そのとおりだ」と、リーダーに呼応する、支持勢力

この勢力がないと、最初にいいだしたものが孤立し、逆に、反撃を受けることになる。子どもの現実世界は、「徳孤ならず。かならず隣あり」ではないのである。「孤」にしないための「隣」づくりが求められるのである。

大人の世界では、待合室のわたしのように、協力者が社会正義という合意のなかから呼びかけに応じて立ち上がってくるが、子どもたちの世界では、そう簡単に協力者は立ち上がってはこない。立ち上がるには、「支持する勢力」が求められるのである。

3 きめたことを守る

リーダーになりたくないという風潮

子どものリーダーは、なにに基づいて「こうしようよ」「やめろよ」というのだろうか。大きく二つある。

一つは、「教師が指導していることに基づいて」がある。教師が「おしゃべりをやめなさい。おしゃべりをしている人がいたら注意しなさい」と指導すると、リーダーはその指導を受けて、仲間の私語に「やめろよ」と注意する。

これが「やめさせる力」を育てる原形である。だが、小学校の中学年くらいまでは通用するが、高学年から中学校・高校になると、通用しなくなる。

教師の指導を受けてリーダーシップを発揮するリーダーは、子どもたちから、うさん臭くみられるようになるからだ。

リーダーには、支配する側に奉仕するリーダーと、みんなの利益を代表するリーダーがいる。教師のいうことをそのまま仲間にさせようとするリーダーは、前者のリーダーとみられるからである。どんなに正しい指導内容でも、その指導構造が嫌悪されるのである。

しかし、教師にしてみれば、自分の指導を助けてくれるリーダーなしには、すみずみにまで指導を貫徹できないので、どうしてもリーダーに強いリーダーシップを期待し、やめさせる先頭に立たせようとする。そこで、リーダーは教師のいいつけにしたがって、仲間に注意する。と、やがて、「ブリッコ」として嫌われ、拒否され、いじめられたりして、やがて、リーダーをやめるようになる。

子どものなかに、リーダーになりたくない風潮が広がってきているのは、教師の分身として、仲間を管理させられることを嫌うからである。

二つめは、普遍的真理を一身の真理とし、自分の思想・信条に基づいてリーダーシップを発揮する例である。

しかし、リーダーの個人的正義感が常に正しいとは限らない。ときに、まちがった判断をすることもある。自己の思想・信条をゆるぎのないものとして過信し、リーダーシップを発揮するようになっては危険である。そういう政治家は多い。

とすると、リーダーはなにに基づいてリーダーシップを発揮したらいいのだろうか。

「きめる」ことの指導の弱さ

リーダーシップの物質的な基礎は、一つは、人類のきまり、人類普遍の倫理である。二つは、集団の意思である。つまり、「みんなできめたこと」である。とくに、後者のもつ教育的意義はきわめて高い。

たとえば、学校のトイレでタバコを吸っている子どもがいる。それを見た一人の子どもが、「やめようぜ」というと、「うっせえなあ」と口返答する。すると、ほかの子どももいっしょになって口々に、「やめろよ」という。

「なんだよ。まじめぶっちゃってよ。てめえなんか、うっせえんだよ」

「だって、みんなできめたことじゃないか」

こういうシナリオである。「先生がいうことだからやめろ」ではない。「みんなできめたことだからやめよう」という。この言葉は同世代にたいして強い説得力をもつ。

その説得が功を奏して、タバコを吸うのをやめたら、教師は圏外におかれるが、わたしはそれでいいと思う。わたしの子ども時代にも、よくあった話だ。

子どもは悪いことをするが、このように仲間うちでやめさせることができれば、それはそれでいうことはない。

それが自治であるが、このきめては「子どもがきめる」「きめたことを守る」力を育てることである。

日本の教育には欠陥があるが、その一つに「きめる」ことの指導が弱いことがある。たとえば、「子どもにきめさせない」「たてまえできめる」「守れないことをきめる」。そして、とくに、「きめたことを守らない」こと。

こういう弱点を放置すると、きめても守れないから、きめることに疲れ、きめることを軽視し、きめようとしなくなり、やがて、自分たちの力に絶望して、強い独裁力を待望するようになる。

ウイルス定義をしなおすように

きめたことを守る力はどこから生まれるのだろうか。

「きめる力」に基づく。決議・決定は集団の意思と力の表現形態だから、きちんときめることができれば、守る力もしぜんに育つ。
その合い言葉は、「みんなできめてみんなで守る」である。そのポイントは四つある。

①本音できめる

自分の不利益になることには黙っていないで主張しろと教える。利己主義を丸だしにして主張させる。日本の生活指導の源流に「いやなことはいやといい、ほしいものはほしいといおう」そういう指導があった。いやなことはいやだと本音をだすと、エゴがぶつかり、話し合いは活性化し、そのなかから合意が生みだされてくる。それは個人の利益とみんなの利益が統一した結論になる。

②守れないことはきめない

どんなに正しいことでも、守れそうにないことはきめない。たてまえではきめないことだ。「絶対に忘れものしない」はできないが「一日二つ以内にする」ならできる。こんなきめ方もある。守れそうなことをきめて実現し、今度はもう少し高い目標をきめて実現し、というようにして、守る力、実現する力をつけていく。

③きめたことは守るようにとりくむ

みんなできめたことを守らないことがあれば、みんなにその事実を知らせて、つぎの対策を立てるようにする。きめたことがよくなかったとすれば、きめなおすし、守ろうとする意思が弱かったとすれば、奮起を望んだり、応援団をつくったりする。ときに「どうして守らなかったんですか」と問い詰めることもある。問い詰めるなかで「きめ方が間違っていたり、きめたことが間違っていた」という発見もある。

④あたりまえと思うことも、みんなできめる。

たとえ「人類のきまり」であっても、あらためてとりあげてきめる。「盗みはよくない」のはあたりまえだが、「なぜ、よくないのか」を問いなおしながら、きめていく。

パソコンがよくウイルスにやられる。つい先日、わたしもやられた。その対策のソフトに「定義の修正」があって、つぎつぎに発生するウイルスのとらえなおしをしている。

子どもの問題行動も一種のウイルスで、たえず、考え方も行動のしかたも変化している。したがって、ウイルス定義を更新するように、あたりまえと思うことも「きめなおす」。また、「きめたことが守れない」ときは、新しいウイルスにやられたわけだから、定義しなおす。つまり「きめなおす」。

以上が、指導のポイントである。

しかし、「みんなできめてみんなで守る」指導は容易ではない。四月の学級びらきから、小さいことを積み重ねながら子どもが自主的にとりくんでいくよう指導しなくてはならないだろう。

このようにして、自主活動によってつくりだされた力こそ、「やめようぜ」といいだす力である。そういう力を子どもに育てないかぎり、学級から問題行動を減らすことはできないだろう。

とするならば、教師は、自ら子どもたちを指導すると同時に、指導する力を育てるという並行教育が期待されている。ちょうど、勉強を教えると同時に、勉強のしかたを教えるというように、また、不正のない学級をつくると同時に、不正のない学級をつくる力を育てるというように、である。

第5章

指導力不足をのりこえる

1 指導力不足ということ

指導力不足を生みだす四つのもの

指導力不足の教員が問題になっている。たしかに、そういう教員がいる。「指導力不足」というより教師不適格者、人間失格者といったほうがよいような教員も含めてである。ふと思いだしただけでも十指を越える。

いろいろな原因があるが、大きく四つ、あるように思う。

①教師の採用に原因がある

こんな人物をどうして教師に採用したのか、唖然とすることがある。「嘘だろう？」というような例である。教育委員会にアルコール中毒の課員がいた。教育界ではだれ知らぬ人はいないという有名な人物だったが、ある年、突然、小学校の教師に採用されていた。つぎの年、クビになったが、ひどい例だった。

そんな人物を教師に採用したのは、教師採用能力の失格者が採用したからである。もし指導力不足教師に研修を受けさせるとするならば、同時に、教師を採用したものたちも「再教育制度」にかけるべきだ。

②教師になって、しだいに人格破壊に追い込まれる例がある

近くで、教頭が盗みをしたり、教務主任が子どもに性的ないたずらをした事件があった。二人ともごくまじめな教師だったので、驚いたが、そういう例は多い。

もともと人格的に、それほどの高潔さはなくとも、教師になり、教師の仕事をするうちに、しだいに人格がみがかれていくのがふつうだが、教師の仕事をすればするほど人格解体がすすむというのは、どうも「その人物に問題あり」とばかりはいいきれず、「教育の仕事のしくみのなかにも問題あり」というような気がする。今日の教育現場は、教師の人格破壊を加速させているのである。

③教師の個性が状況にあわないことで発生する例がある

こんな例がある。当時、わたしの勤務していた学校はマンモス学校で荒れていた。そこに、

離島から四十代のベテラン教師が転勤してきた。全校十人の学校から、三千人の学校へ転勤し、五十八人の子どものいる学級担任になった。

すぐに、パニックをおこし心身症にかかってしまった。

一学期の終わるのを待って、組合をとおして、再び島へ戻したら、けろりと直って、やがて、島の校長になった。

どんな状況でも、対応できなくてはならないのだろうが、突然の環境変化にとまどい、指導力不足に陥ることもある。

教師もまた適材適所に配置する必要がある。とくに、近年、環境適応力が衰退しているときだけにだ。

④学校の指導体制が生みだす「指導力不足」がある

この例は意外に見落とされている。学校の体制が個々の教師に重くのしかかって指導を誤らせ、ある教師は校門圧死によって子どもの人命を奪い、逆に、ある教師は、子どもに刺されて一命を奪われたという例である。いずれも「指導力不足」とされた事件である。

異端のレッテルとしての指導力不足

ある女教師から、こんなメールが届いた。

わたしは、まもなく教師歴十年にもなろうというのに、子どもの指導がうまくありません。わたしは、どちらかというと見た目も性格も恐くなく、また、動作も素早い方ではないので、一部の子どもたちからはなめられてしまい、その子どもたちが学級や授業をかきまわすと、めちゃくちゃになって、激しく落ち込むことが年に二、三回あります。

以前に勤めていた学校で、管理職、教務主任、学年のメンバーに取り囲まれて、その週の失敗を逐一並べてなじられ、指導が悪い、などといわれ続けて精神的にまいってしまい、三学期の間、特別休暇をとったこともありました。

「指導力がない」といわれるので、「では、どのようにすればいいのか」尋ねると、「それはあなたが考えることでしょう」といわれて終わりでした。

この先生たちが指す、指導力、とは、「恐さ」や、「びしっとさせる力」というニュアンスのようです。でも、私は、そのようなことは、子どもの教育にとってふさわしいこととは思えません。子どもたちが自発的に活動していないからです。

この前、管理職が「新教育課程に伴い、無駄な時間を生みだせなくなるから、今後、教師の指導力が問われてくる」ということをいわれていました。

これはつまり、全員がビシッと聞き、サッと動くことを理想と考えた発言だと思います。一見、すばらしそうに見えるかもしれませんが、子どもって、たくさんの無駄のなかでゆとりをもって育っていくものだと思うし、管理職の望む子ども像にはなにか、自発性が感じられないような気がして、反発を覚えてしまいます。

多分、ほんとうはまわりに振り回されないようにすればいいのだと思います。でも、いまのわたしには、まだ自信をもってとりくめるほどしっかりした理念がありません。

この、「指導力」は、持って生まれたものなのでしょうか。あるいは技術でカバーできるものなのでしょうか。


このメールを読むと、ずいぶんひどい学校に勤めていることがわかるが、こんな職場がふえている。このようなやさしい教師は、やがて、「指導力不足」と評価され、「再教育制度」にからめとられたり、退職に追い込まれたりするかもしれない。

「全員がビシッと聞き、サッと動くことを理想」とする、こういう学校では、力技《ちからわざ》を用いない教師の指導は成立しない。成立しないと「指導力不足」と非難する。それは、学校の方針や学校の支配的な方向にしたがわない教師を排除する口実である。

「どうしたらいいですか」という問いに、校長たちも答えられないでいる。「それはあなたが考えることでしょう」として、暗に力技への荷担を説いている。

指導とは力技だと思い込み、力技のできない教師は指導力不足だとして非難し排除しようとする例である。

異端のレッテルとしての指導力不足である。

この教師はその状況に甘んじているが、力技への荷担を決意し、その指導を貫こうとしたものの「力」がなく、「力」に替わるナイフを携行し、それをちらつかせながら指導を成立させようとした事例も発生している。

七つの選択肢

しかし、現実に、この教師のように「指導力不足だ」と非難され、なんの援助も受けられない状況におかれたらどうするか。指導力不足といわれる大部分の教師は、そういう目にあっている。この場合、七つの選択肢がある。

①教師をやめる。

これ以上、教師を続けると、自己崩壊するので退職するという選択。五十歳をすぎて体力が衰え、指導力不足を感じると、退職者がふえてくる。これも一つの生き方である。だが、経験を重ねた教師はやめて欲しくない。職場には、経験が必要なのである。やめる覚悟があれば、なんでもできる。居直って、そのエネルギーを教育改革へと向けてもらいたいものだ。

②異動する。

自分の個性が生きる学校へ転出する。先の島に戻った教師のようにである。

教師には勤務についての好き好きがあり、個性がある。わたしはできるだけ荒れたマンモス学校で勤務したいと願って転勤希望をだした。

釣りの好きな教師は、海や川の近くの学校に転勤する。自分を慰める趣味活動ができる環境なら、指導の力を再生しながらとりくむことができる。「釣りができるから」とはいえないから、「僻地教育に身を捧げたい」とか、いろいろ理屈をつければいい。

多くの人は、慣性の法則に縛られて転任を嫌うが、指導力に危機を感じたら、さっさと自分が生かせる職場に転勤するのも、一つの方法である。

③自分の指導を反省し、「力技」派に転向する。
これは意外に多い。力技を用いている教師の大半は、この転向組である。最初は、やさしく指導しようとしたのだが、どうもうまくいかない。「なめられているのだ」と錯覚して、「こわもて教師」へと変身し、「やっぱり子どもはびしっとやらないといけない」と学校の支配的な管理教育に同調し、いまや、学校管理の執行人になっているという例である。「こわもて」になると、地域によっては、「指導性がある」と認められて、管理職に登用される確率が高くなるという。
④早く管理職になって指導する場から撤退する。
これも多い。若いくせして（こんな表現はよくないが）、やたらに役職にこだわる教師がいる。中間管理職になれば、学級を担任しなくてすむうえ、問題に出会うことも少なくなる。指導力不足に悩んだら「早く偉くなろう」とする生き方である。

だが、実際、指導力不足教師が管理職になると、冒頭例のように「では、どうすればいいのか」と尋ねられると、「それはあなたが考えることでしょう」というしかなくなる。そう答える教師がいたら、ほぼ、この手の類とみていい。
⑤「指導力不足」との周囲の言葉にも負けず、圧迫にもめげずに、己の信念を貫き、わが道

をゆく。

強い人である。なにをいわれて馬耳東風と受け流し、絶対に力技を用いない指導を貫く教師である。

だが、問題は子どもたちの状況である。学級が崩壊し、保護者も支持してくれないなかで、「わが道を行く」では説得力がなく、周囲の支持を得ることは難しい。少しでもいいから、部分的に、どこかで、力技でない指導の有効性を実証すると、職場のなかに支持者を広げることができる。
⑥力技を用いないで指導できる職場をつくる。
まわりを変える戦術である。力を用いて指導を成立させている職場から力を用いない職場に変える。

「わたしの指導が成立しないのは、学校の体制が悪いからだ」

こういう信念のもとのとりくみである。

「指導力不足だ」といわれて、すぐに下をむいて、いじけてしまってはいけない。

わたしが、力技で指導していたころ、ある女教師が「先生のような、力で指導する先生がいるから、わたしのように体も小さくて痩せた教師の指導が入らないんです」といった。

この言葉に愕然とし、わたしは目覚めた。たしかに一理も二理もある意見だった。じっさいに、学校は、どの教師の指導も成立しなくてはならないのである。そうでなければみんなでなにかをやることはできない。学校は、個々の教師が「教室」という密室のなかで個人的力量によって指導するからだ。個人偏差が大きかったら、目標は達成できないのである。だが、力によらない、良心的な指導の成立する職場をつくるのには、仲間と時間が必要である。すぐにはできないが、さりとて、だれかがそんな職場をつくってくれるだろうと待っていては、いつまでたってもできるものではない。まず自らが行動をおこすことだ。

そうして、だれの指導も成立するような職場ができれば、だれもが、希望をもって働けるようになる。

⑦力わざを用いないで指導できる力を身につける。

これがもっとも現実的な解決法である。このことについて、冒頭の悩める女教師へ送られた助言のメッセージがある。

学ばない教師に学ぶ子どもは育てられない

「指導力」は、けっして生まれつき備わっているものではないことを強く訴えたいと思います。「指導力」は教師自身の学びの賜です。子どもに学び、保護者に学び、同僚に学び、書物や研究会に学ぶ。すすんで貪欲に学ぶ以外に手はありません。そして、「学ばない教師には学ぶ子どもは育てられない」と考えます。

わたしは小学校教員十七年めですが、日々自分の未熟さを感じ、できるかぎり「学び」に励んでいます。月の書籍代はゆうに五万円を超えますが、まったく気になりません。毎日どんなに疲れていても、最低三十分は教育書を読みます。

また、そのときに読んでいるものを学校にも持参し、細切れの時間に読んでいます。通勤途中の信号待ちにも読みます。また、近代からの教育学者の書籍や、教育書に限らずに古代からの名著も折りにふれ読んでいます。

わたしが十年めのころは、ある程度はっきりした自分の考えがありました。「どういう子どもを育てたいのか」そして、そのために「どんな場を設定し、どんな手立てを講じるのか」、また、各教科・領域についてのねらいを熟考し、「この時間には、具体的にどのような子どもの活動の姿があればよいのか」、そのために「この発問・指示をする」などです。もちろん、「反省」と「学び」のくり返しですが。この方も、このように順序立てて、具体的に考えていかれることをお勧めします。

わたしは四十に手が届く年齢になり、体力は衰えましたが、「学ぶ意欲・熱意」はますます盛んです。「身銭を切り、忙しいなかに時間をつくって学ばなければ、自分の力にならない」というのが信条です。

どうか、精いっぱい学んでください。それ以外に手はありません。自分の力が伸びるとともに自信や心の余裕も生まれます。そして、かならず「指導力」という呪縛から解放されると信じます。

情熱的にして的確なメッセージである。こうして、自己の指導力をパワーアップしながら、同時に、職場の教師とともに、腕力を用いないで指導しようとする職場をつくることが理想である。つまり、⑦にとりくみながら、やがて⑥を達成するということである。

つい昨日、かの女教師から助言へのお礼のメールが届いた。

女性の先生のご助言、指導力をつけるためには学ぶしかない、というお話に救われました。指導力が生まれついた能力、資質であるならば、努力で変えようがありませんが、そうでないのなら、自分にもめざす教師になれる可能性がある、ということになります。

それならがんばろう、と思いました。わたしはほかの同期の先生とくらべると、伸びは遅いかもしれませんが、それでも、この先生のおっしゃる「子どもの課題に応じて指導を組み立てる」ということが少しずつわかってきました。ある意味で仕事が楽しくなってきています。

講師を自宅に招いて個人教授

この女教師への助言は熱意に充ちている。「身銭を切り、忙しいなかに時間をつくって学ばなければ、自分の力にならない」とある。

たしかに一理ある。わたしの接した教師に、そのとおりの教師がいた。

いまから三十年くらい前、近畿地方の教師から一通の手紙を受けとった。講師依頼の手紙である。内容はごくふつうの講師依頼状であったが、よく読んでみて、驚いた。

講演場所は「依頼者の自宅」とある。さらに「聴衆は依頼者一人」で、「個人教授してほしい」とあった。

その理由について、「自分は理解が遅い。教育講演会にいっても、話の半分も理解できない。そこで、じっくりと聞きたい。わからないことを質問したい。納得できるまで教えてもらいたい。そこで、このような形でお願いした」とあった。

ふつうの講演会だと、質問の時間も限られているし、質問したいことがあっても、みんなの前で聞くのが恥ずかしいので、わからないことはわからないままにしてしまう。当然、消化不良をおこし、形だけ真似して失敗する。

そんな思いから、こうした学習方法を考えついたのである。依頼者が講師の自宅を訪ねる方法もあったが、自分のテリトリーで学習することの効率や接待のつごうから、講師を招請する方法をとったようである。

なお、交通費・講師料もいくらいくらとあり、その金額もふつうの講演会と同じであった。あとで、依頼者に聞いた話だが、一年間、お金を貯め、夏のボーナスを加えて、この夏休みの個人教授費用に宛てたという。数年前から、毎夏、この個人学習会を開いていて、わたしは五人めだということだった。

わたしは承諾して、依頼者の自宅に出向いて講義した。依頼者はわたしとほぼ同世代で、当地の研究会で何度か会ったことのある顔だった。

自宅は郊外の市営住宅であった。その一間にテーブルをはさんで一対一で向かい合い、わたしが用意してきたレジメを渡して、講義をした。暑い日で、扇風機を廻しながらの学習となった。

午後一時から休憩をはさんで、夕方の六時まで、四時間、講義したが、依頼者は、一語一語注意深く聞き取り、ノートしながら、飛び込み質問をした。「なぜ」「その反応は」と、質問は微細にわたっていた。わたしもあまさずにさらけだして話した。

依頼者は、納得のいくまで理解しようとする姿勢に貫かれていた。真摯にして好学の徒という印象を受けた。終了後、奥さんの手料理の夕食を御馳走になり、帰途についた。

教師はいろいろな方法で学習するが、この個人教授も、その一つである。むろん、この方法について、批判はあろう。たとえば、利己的だというように。

しかし、依頼者は研究会に所属する教師ではなかったから、こうした方法をとったのだろう。ふつう、研究会に所属していれば、研究会として講師を招請して学習会を開くことになるが、そういう場をもたない、しかし、学習したいとする強い要求にもとづく学習方法だった。依頼者は、この方法は、好きな講師を呼んで好きなテーマの話を聞ける喜びがあると語っていた。

それにしても、同僚たち、友人にも連絡せず、個人負担で、ひたすら個人的な学習に勤しもうとした、この特異な向学心には、ただただ驚くばかりである。

わたしにとっても、ただ一度の貴重な経験であった。教師個人の学習要求が異なるうえ、学習のしかたにも個人差があるから、こうした方法があってもおかしくはないと思った。

その十年後、この依頼者の学校の研修会の講師に招かれた。彼は教頭になっていた。

「いまでも、夏の学習会をやっていますか」と聞くと、

「子どもができて成長するとともに、家計が苦しくなったので、五年前からできなくなりました。そのかわり、学校での地位を利用して、自分の学習要求を満足させる研究会を開いています。今日、先生をお招きしたのも、地位を利用しました」

と笑っていた。こんな「身銭を切る学習」もあった。

2　指導力を育てる方針

まずは自分を知ることから

わたしは教師になったとき、校長が「片親で育ったものはいい教師になれない」といった言葉に悩まされた。たしかに素直な人間ではなかった。

小学校の教師になったとき、同時に、四人の新卒が着任した。そのうちの一人が子どもたちに好かれ、休み時間になって、その教師が校庭にでてくると「あらいせんせー」と低学年の子どもたちが先を争って駆け寄っていった。なんと、わたしの学級の子どもたちまでも、飛んでいくのである。あとの三人の新卒はかたなしである。

憮然としていると、校長がやってきて「荒井先生は子どもに好かれている。きみたちとの差はどうしてなんだろうな」そういわれて、内心「片親で育ったからだなあ」と劣等感を感じた。

荒井先生をみていると、子どもをよくほめていた。「すごいなあ」「力があるなあ」とほめ、乱暴な子どもにたいしても「元気だなあ」と、まずほめていた。

子どもをほめるには、子どものあらゆるものをのみこむという度量の広さが必要だった。いい子もいれば悪い子もいる。しかし、やがて、みんないい子になるんだ、そういう広い心が必要だった。

しかし、わたしはこの荒井先生のような広い心がもてなかった。悪い子は悪い子としかみられず、悪いことにたいして、まずきびしく臨むという「こわい先生」だった。

のちになって、教師として生きる基本的な方針を考えたとき、このときの校庭風景は、強い印象として、わたしを決定した。

冒頭に述べたように、教師の力量には人格の力が求められるが、わたしは、人格の力に欠けることを知った。わたしのなかに、正邪・好悪・善悪の感情が強く、あらゆるものをわが身に引き受ける力のないこと、すべての子どものすべてを引き受ける力がないということである。

人格的力量の基本型は「ほめる力」だから、ほめることに心をくだいたが、かなり無理してほめる自分があった。自分のしぜんにそった、心からなる指導でなければ、長続きはしない。

そう悟って、「指導の力」によって、教育を続けるしかないと考え、「指導」をテーマにし、自己の教育力をみがくことにした。

これは、わたしの例だが、まず、自分を知ることから、自己の教育力をみがくのである。

あらゆるものを用いて教育する

教師は、その持てるすべてで指導する。学級びらきで手品をしてみせて、子どもの心をつかんだ教師もいる。

技だけではない。見た目もある。

わたしは子どもから「先生、刑事していたんでしょう」といわれた時代があった。

「そうだ。警視庁の鬼刑事だった」

こう答えると、「やっぱりなあ」と本気にした子どもたちもいたから、顔つき、からだつきから「怒るとこわい先生」とみられ、そのことが指導の武器になった。

実際、ひ弱な印象を受ける教師より、がっしりした体格の教師の指導は入りやすい。また、美人・美男子もそうで、逆の教師より指導の入りがよい。声の大きさ、明瞭さ、すてきな笑顔もそうだ。

幼稚園の先生は、花や鳥や魚や船の絵柄の洋服を着る。幼稚園の先生を妻にしたその夫が「そんな服を着るのはやめてくれ」といったら、「こういう服を着ていかないと子どもたちが寄ってこないのよ」といったというから、着るものもときに指導の力になる。

これは、嘘のような話だが、指導力不足で悩んでいた教師がいた。

「太い縁の眼鏡をかけろ」

と助言した人がいて、そのとおりにしたら指導が成立するようになったという。

ということは、教師は、あらゆるものを用いて教育していることになる。とすると、自分のどこが子どもたちに受け入れられているのか、反対に、どこが拒否されているのか、知ることである。その結果、ユーモアに欠けるとすれば、その力を身につけるように努めることだ。

自分を埒外において、「わたしの教育がうまくいかないのは、子どもの質が悪いからだ。地域もよくないし、保護者もみんな無教養だ」と、ほかのもののせいにしてはならない。

自分を知り、自分を変えることである。

3 「指導」をみる・学ぶ

自分の方法を演技してみせあう

わたしの学校で「私語を注意したら、その子どもに反抗された」という教師がいた。

「なに、しゃべっているんですか。おしゃべりやめなさい」

「うっせーな」

こういわれたというので、この事例をもとに研究会を開いた。

「この場合、どう指導すればよかったのか」

参加者が、それぞれ自分の考えた方法を演じてみせあった。

①新卒の教師は「すみません。おしゃべりやめてくれますか」と、低姿勢で臨んだ。

②ベテランの家庭科の教師は「楽しそうだね。その話、あとで先生に教えてね」。

③社会科の教師は「仲良くていいね。さて、話の続きは休み時間にしたら」。
④国語の教師は「そこ」と注目させ、ニコッと笑って、くちびるに右の中指を立てた。「しーっ」という静粛の合図を送った。
⑤みるからに怖そうな体育の教師は「うるさい。おしゃべりやめろ」と、怒鳴った（これにはみんな大笑いした）。
⑥理科の教師は「なに話し合っている。大事なことらしいな。みんなにレポートしてもらおうかな」。
⑦音楽の教師は、近くに寄っていって「どうしたの。緊急事態発生したのかな」と聞いた。
⑧保健の先生は、「なにか、先生の授業がおもしろくないのかな。おもしろくなかったら要求してください。どうぞ。発表して。ここではいやなの？　では、あとで教えてね。保健室で待っているからね」
⑨美術の教師は、「おしゃべりやめてね」と、自ら描いた楽しいイラスト入りのメッセージカードをつくって、そっと机の上においた。
いろいろな方法のあることがわかる。批評会をもったが、どれが正しいともいえない。なぜなら、どれも正しいからだ。

たとえば、①について、体育の教師は「おしゃべりする子どもが悪いのに、『すみません』と謝ることはないんじゃないの」と評した。

話し合いのなかで、わたしは、物理の法則にかなっていると評した。物理に「作用・反作用」という法則があるが、「力を加えると、同じ大きさの反対方向の力が作用する」ことである。

この場合、「すみません」は、「注目してください」という挨拶のようなもので、謝罪しているわけではない。語法をやわらげる効果をねらっている。

「すみません。おしゃべりやめてくれますか」とやさしくいうと、子どももすなおな気持ちになってやめるが、「なに、しゃべってんだ」と、ガーンとやると、子どもも「うっせーな」と同じ力でガーンと押し返してくる。①は、孤立無援、新卒の教師が一人、立ち向かうには、いい方法である、と。

この学習会は、わたしたちのやり方だったが、いずれにしろ、みんなで指導を研究することだ。

こういう研究で大切なことは、一つの方法に統一しないことだ。たとえば、「毅然とした態度で『私語はやめなさい』と注意する」というように統一しないことだ。みんながみんな、体育の教師のように、みるからに怖そうではないからだ。

目標は、「私語をやめさせる」ことで、その方法は「各自の自由」である。

しかし、突然、「自由にやれ」といわれても困るから、いまのように、それぞれの方法をだしあって、研究する。

●いろいろな教師のいろいろな方法を学ぶ。

●そのなかから、自分にもっともふさわしい方法をさぐり、発見する。

●発見した方法をそっくり真似してみる。

●真似した方法を自分に適するように修正してみる。

●さらに、発展させ、自分流を編みだす。

指導は自分流を編みだせれば、いうことはない。そこにいたるまでは、先人に学ぶことである。これは学問の方法でもある。

ミニ「笑点」の時間

自分流を編みだすとき、できるだけ楽しい方法を工夫したい。

この「おしゃべりやめて」の学習会で、わたしも、いろいろな教師の指導方法を知ったが、自分は⑤のタイプだと思った。「おしゃべり、やめろ」と注意すると、すぐにやんだからだ。だから、このことで困ることもなかったが、⑤の演技をみて、「いやーな感じ」になった。

「おれって体育系だったのかなあ」

そこで、もっと別の楽しい方法はないか、考えてみた。

授業中、私語している子どもがいた。「なに、おしゃべりしてんだ」と注意すると、子どもはおしゃべりをやめて黙ってうつむいてしまった。

「だめだなあ。こういうときは、なにかうまいことといって、言い逃れするんだ。ちょっとやってみるかな。

これからミニ『笑点』の時間にします。出題します。いま、隣の席の人としゃべっています。と、先生が『おしゃべりやめろ。なにしゃべっているんだ』と叱りました。

そこで、ひとこと。上手に言い逃れしてください。

おっ、もうできた。早いね。遠藤師匠、どうぞ。では、やるよ。『そこ、なにしゃべっているんだ』」

遠藤「すいません。家本先生ってかっこいいなあって話していました」

「そうか。かっこいいか。そういう話なら大いにしたまえ。おい、遠藤師匠に座布団一枚！」

子どもたちは大笑いである。遠藤は一躍、笑いの名人になった。

こんなふうにしたら、注意にともなう嫌悪感もやわらぎ、楽しく注意できるようになった。子どものほうも、注意されても悪感情を抱かなくなった。

自分流のオリジナルな方法を創造していくのである。指導は個性的なのである。

ほかの学級をのぞいてみる

学校は忙しいから「学ぶ」といっても、親切に学ぶ場などつくってはくれない。まして、「指導」の学習会など開いてくれる学校はない。となると、自力で身につけるしかない。

わたしは、若いころ、四つの方法で学んだ。

一つめの方法は、ほかの学級をのぞいてみること。品のない言葉だが「盗み見する」のである。

これはすぐにできる安上がりのいい方法である。放課後、校舎をまわって、よその学級の教室へ入って、掲示物などを見るのである。小学校に勤めていたころ、まだ当直があったので、校舎巡回の折りに、よくのぞいてみてまわった。

当時、教室に清掃用具入れがなかった。一年生の教室の隅に、きれいなカーテンがかかっていた。開いてみたら、清掃用具が整然とかかっていた。しかも、掛け金具の下にラベルがはってあり、「ほうき」「ちりとり」「はたき」などと書いてあった。「この釘にはほうきを掛けなさい」という意味である。低学年では、このように、ていねいに指導するのかと感嘆し、自分の指導の荒っぽさに嫌悪しながら、「いただき！」と、このアイデアを盗用し、自分の教室の隅にカーテンで囲った掃除用具置き場をつくった。

また、六年生の教室をのぞいたら、「画びょうのとめ方」の説明図が貼ってあった。掲示係の子どもたちへの作業説明資料として貼ってあったのである。

読んでびっくりした。画びょうにとめ方があるなど知らなかった。よくみると、学校内のほとんどの掲示物は、すべて、この方法にのっとって、画びょうがとめてあった。

その学級の担任教師に、「知らなかった」と告白したら、「ごめんね」とわたしの教室へきて、画びょうのとめ方、掲示物の貼りだし方を教えてくれた。

これ以来、各教室をのぞいては「いただき！」と盗用してはすぐに応用し、わからないことがあれば、その先生に聞くことにした。聞くと、どの教師も親切に教えてくれた。

それはかくべつたいへんなことでも、恥ずかしいことでもなかった。

「これはどういう意味ですか」

「どうやるのですか」

「なぜ、そうするんですか」

「先生のクラスではどうしているんですか」

そんなことを聞いた。

そういう話のなかから、どういう指導が子どもに受け入れられ、どういう指導をしてはならないのか、など学ぶことができた。

わたしの教育技術の大半は、このとき身につけたものである。

ほかの教師の指導を盗み見する

二つめは、まわりの教師の指導を見て学ぶことである。

理想をいえば、どの教師も、あらゆる指導について精通し、それを自由自在に使いこなせるようになればいいのだが、そんなことはなかなかできることではない。一人でどんな指導もこなせる教師などいない。

しかし、よくみていると、一人ひとりの教師は、まさに個性的な存在で、それぞれが得意技をもっている。

注意・説教・体罰の得意な教師、こういうのは困るが、率先垂範して模範を示し、子どもを引っぱっていく教師もいれば、説諭の名人もいて、「泣かせのなんとか先生」といわれ、この教師にこんこんと論されると、どんな荒くれの子どもも、かならず泣きだしてしまうといった「芸」の持ち主もいる。

あるいは、討議、話し合いに長けていて、子どもたちと「ああだ」「こうだ」と激しく論争しながら、指導を貫いていく教師もいる。お母さんのようにやさしく包み込む教師もいる。それぞれが、「指導」について、得意の型をもっていた。

学校は基本的にはそれでいいのである。だから、とりあえず、得意な指導法を身につけることである。

学校は、「一人の教師がなにもかも、すべてに指導性を発揮しなければならない」ということはないからである。数人または数十人の教師が、集団として教育しているわけだから、一人ひとりの得意技をだしあい、それらをうまく構成し、演出して、教師集団としての指導の優位性を確立すればよいわけである。

すぐれた教師集団とは、以心伝心、そのことがうまくいっている集団である。それが教師相互の協力体制であり、連帯なのである。

だから、教師集団つくりは、それぞれの持ち味、得意が生きるように、そこから発想するのである。「学年文化集会でなにをやろうか」と考えるのではなく、「この学年教師の顔ぶれで、なにができるかな」と考えるのである。わたしの学年はみな歌が好きだったので、よく歌をとりあげた。

といって、いつまでも、そこにある力だけでとりくんだり、ほかの教師の力におぶさったりしていてはいけない。教師集団としての指導の分業体制につかっていてはいけない。

「このことは苦手だから、だれかにやってもらおう」と逃げてはいけない。逃げていては一生上達しない。

あるとき、「学年集会では、教師が順番に子どもたちの前に立って話をしよう」と提案したら、「わたしはできません」と逃げた教師がいた。わたしはいった。

「最初の一、二回は逃げてもいいが、その間に、ほかの教師の話し方を盗み見て、覚えなくてはいけない。二学期からは順番でやるからね」

教育は教師集団の分業（ちがう仕事を手分けしておこなう）と協業（同じ仕事を手分けしておこなう）の組み合わせだから、分業も許されるが、授業、学級つくりなどでは協業だから、一人ひとりに必要な指導の力は、身につけなくてはならないのである。

したがって、分業体制のなかから、ほかの教師の指導法や得意技を盗み、まねしながら、わが力量として身につけ、みがいていくようにしたい。

実際、毎日、職場のなかで、周囲の教師の指導をみていると、じつに楽しい勉強になる。

聞いて学んだ「対機説法」

三つめは、まわりの教師から聞いて学ぶことである。

若いころ、わたしの学校に坊さん先生がいた。寺の住職であり、国語の先生であった。土川先生という。ニックネームは坊主である。わたしの先輩にあたる教師だった。

あるとき、職員室へ子どもがやってきた。「土川先生。これ、なんという意味？」と聞いた。土川先生は、「ほら、これで調べてごらん」辞書を渡した。しばらくして、また一人の子どもがやってきて「土川先生。これ、なんという意味？」と聞いた。土川先生は、「そんなことは図書室で調べなさい」といった。また、一人の子どもがやってきて、同じように聞くと「これはね」と辞書を開いて「ここに書いてある」と親切に教えていた。

この様子を見ていた隣の教師が、

「土川先生。ひいきはだめよ。まったく気分がムラなんだから。かわいい子がくるといっしようけんめい教えて、そうでないと図書館で調べろなんて、そういうの、いけないのよ」

そういうと、周囲の教師が、「坊主はスケベと、昔からきまっているんだ」と大笑いして、一段落となった。

土川先生は温厚な教師だったので、反論しなかったが、これにはなにかわけがあると思い、あとで、土川先生にこっそり聞いてみた。

「一人は辞書を貸してやり、一人は図書館へ行けといい、一人はていねいに教えましたね。どうしてですか」

「子どもの容姿で態度を変えたんじゃないよ」

といって、話してくれたのが、「対機説法」という仏教のセオリーである。

仏教では、相手に応じて法を説くことになっている。だから、Aさんにいったことと、Bさんにいったことと矛盾することもある。

病気がそうだ。病状に応じて薬をだす。「応病与薬」という。「対機説法」と同じ意味だ。どんな病状にも同じ薬をだすことはしない。

それと同じで、最初にきた子どもは辞書を引く力があるので、辞書を貸した。つぎの子どもは、よくできる子どもなので「図書室へ行って調べろ」といった。言外に「先生のところに聞きに来なくても自分で調べられるだろう」と突き放したいい方にした。最後の子どもは勉強ができないので、ていねいに教えてやったという。

土川先生はわたしにそう説明してから、

「仏教では法門八万四千といって、真理に向かうに八万四千の方法があるとしている。いまのはたったの三つだから、ほかに八万三千九百九十七とおりの対し方・教え方があるというわけです」

さすが坊さんだと感銘を受けたが、なるほど「相手をみて法を説く」要領で、子どもの力に応じて教え方を変えたのだった。

しかし、これは「土川先生に聞いたからわかったこと」で、もしわたしが聞かなかったら、このことは永久に知る機会を失ったにちがいない。

指導の世界は広く深い

わたしは土川先生から二つのことを学んだ。

一つは指導についてである。それまで、全体指導が得意だったわたしは、子どもの力や状況や個性にあわせて指導するということを学んだ。

しかし、この指導法は危険性もあった。まず、子どもが差別的な対し方だと感ずることである。

「彼にはていねいに教え、ぼくには冷たく図書室へ行けといった」

こう受けとめられたら失敗である。それを避けるには、「きみは辞書を引く力があるから辞書を貸すからね」と理由を説明することである。

同時に、教師たちの共通理解も必要である。差別的な指導法だと勘違いされてはならないからだ。さっきも土川先生は「かわいい子には親切なのね」と誤解を受けた。この誤解は当然である。

教師はわけへだてなく教育することが正しいとしてきたからである。同じように指導することが、教育の機会均等であり、差別のない教育だと信じられてきたからである。

だが、同じように指導することは、逆に差別することになりかねないのである。

このことをどのように教師たちにわかってもらうか。わかったものが説明するしかないと思い、この話を学年会にだして、子どもをみて指導法を変えることの大切さを確認しあった。

もう一つ学んだことは、八万四千という説法の多さである。むろん、八万四千という数字は「たくさん」という意味だが、少なくとも三つや四つではない。かなりの数を見込んでいる。とすると、たとえば「国語の難語句の意味を教える」方法にも、たくさんの教え方があるはずである。タバコを吸った子どもの指導法も二つや三つではない。もっと多様な方法があるはずである。

それらのすべてを知ることはできないだろうか。そう考えた。そう考えたことで、指導の多様性に注目することになった。

ところで、いろいろな指導法を知ったからといって、ただちに役立つものではない。どの方法が、いま、この子どもにとって有効か。また、その指導法が自分に適した方法かどうか。この二つの迷いにはさまれ、もがきながら、試行錯誤することになる。自分流の指導性を身につけていくには道は遠い。指導の世界は広く深いのである。

書籍は学びの宝庫

四つめは実践記録から学ぶことである。

教師が「学ぶ」姿勢をもつようになると、しぜんに学ぶ教師の連帯が結ばれるようになる。

これは、先の「校舎まわり」の話の続きである。

先輩に斎藤先生という温厚な人格者がいた。わたしの尊敬する教師だった。

職員室でわたしと斎藤先生が話をしていると、二階の教室から、「いいでーす」という子どもたちの元気な声が聞こえてきた。答え合わせをしているらしく、だれかが答えると「いいでーす」と子どもたちが唱和するのであった。

わたしがくすくすと笑うと、斎藤先生が「あれは『きゅう、けつ』という方法なんだ」という。「きゅう、けつってどう書くんですか」と聞くと「級決」と書くという。

「どういう意味ですか」と聞いたことから、わたしの実践世界は一挙に開いていった。斎藤先生は、翌日、一冊の本をもってきて、「ここ、読んでごらん」と示してくれた。明治十六年に発行された『改正教授術』（若林虎三郎・白井毅編）の「いの字をどう教えたか」である。参考までに、どんなものか、紹介しよう。

明治に入り、学制が発布され、欧米の教育書や教授方法が紹介されるにつれて、授業のすすめ方も大いに変わってきた。どう変化するか、その指導書として出版された本である。

まず授業の目的について、こう記されている。「授業ノ目的ハ教師ノ教ヘ能フ所ノ者ニ非ズ生徒ノ学ビ能フ所ノ者ナリ」と。ペスタロッチやフレーベルの影響によるものとはいえ、明治初期、すでに、このような教育思想があったことに驚く。

この著書はそうした考えに基づきながら、具体的な実践方法を教示している。そのなかに「きゅう、けつ」があった。

以下は、読方課の第一歩「いろは」の教授法の一例を示す叙述である。

教　いとヲ示シ是ハ何ナリヤ

生　いとナリ　……………………級決　教可

「教」とは教師、「生」とは「生徒」のこと。「級決」とは「全級ニテ可否ヲ決定スルコト」「教可」とは「級決シタルコト正当ナレバ教師之ヲ可決スルノ略」の意味である。その場面は、つぎのようなイメージである。

教師（糸を示して）これはなんですか。

生徒　糸です。

教師　糸でいいですか。

生徒　いいでーす　……………………級決

教師　そうですね。これは糸です。……教可

生徒の答えを学級の全員で評価させるところが、当時としては革新的な教授法であった。これは、いまでもたいへんにすぐれた教授法で、生徒が答えるとすぐに「そうです」と「教可」せず、まず生徒に評価させた点、今日の授業にもとりいれるべき方法であろう。

それにしても「いいでーす」が、明治十年代、すでに日本のあちこちの教室から聞こえていたのである。

ほかにはつぎのような略語が使われている。

●各唱　生徒ヲシテ交番ニ唱エシムルノ略。各読トモ記ス
●斉唱　全級一斉ニ唱エセシムノ略。マタハ斉読トモ書ス
●挙手　生徒ヲシテ手ヲ上ゲセシムルノ略
●書板　黒板ニ書スルノ略（注・板書とはいわなかった）
●拭板　黒板ニ記シタ文字アルイハ図版ヲ拭去スルノ略

以下、現代語になおして授業のようすを紹介する。

教師（糸を示して）これはなんですか。
生徒 糸です。　級決　教可
教師 物をも示さず、口でもいわずに、人にこの物を知らせるには、ほかにどんな方法がありますか。
生徒 字を書いて知らせます。　級決　教可
教師 この糸という文字を知っていますか。
生徒 知りません。
教師 では、糸の「い」の文字から勉強しましょう。「い」の文字を知っている人いますか。（一人の生徒が挙手する）
教師（指名して）黒板に書いてごらんなさい。
（生徒、書板する）　級決　教可
教師（生徒の書いた文字のわきに大きな文字で「い」と書いて）だれかこの字を読めますか。
（大勢の生徒が挙手する）　各唱　斉唱
教師 （そのわきに、うんと小さく「い」と書いて）だれかこの字を読めますか。
（大勢の生徒が挙手する）　各唱　斉唱

教師　だれか黒板の文字のなかで、いちばん大きな「い」の字を指してください。

（挙手したなかの一人を指名して指させる）　級決　教可

教師　だれか黒板の文字のなかで、いちばん小さい「い」の字を指してください。

（挙手したなかの一人を指名して指させる）　級決　教可

教師　先生が最初にみんなに見せたものはなんでしたか。

生徒　糸です。

教師　糸のように「い」のつくものをいってみてください。

生徒　犬です。　級決　教可

教師　ほかにありますか。

生徒　石です。　級決　教可

教師　ほかには。

生徒　いたちです。　級決　教可

（このようにして生徒の知っている熟語を残らず発表させる）

教師　（「いろは五十音図」を示して）このなかに、きょう勉強した文字がありますか。

（大勢の生徒が挙手する）

教師　だれかここにきて指してください。　級決　教可

（一人の生徒、来て指す）　各唱　斉唱

教師　今日はなにを勉強しましたか。

生徒　「い」の字を勉強しました。

教師　石盤をだして「い」の字を書いて練習しなさい。

　こうして一時間に一文字を教えていくのだが、「生徒ノ心力」が発達するにしたがって、「ソノ数ヲ増加スベシ」とある。

　現在の教授法とはずいぶん違いがある。たとえば、「い」の文字を大小に書き分け、「大きい」「小さい」ほうの字を指摘させている。なぜか、意図がよくわからない。わたしの推測だが、欧米語のアルファベットには大文字小文字があるので、それを大きく書いた文字、小さく書いた文字にと間違えたのだろう。

　そういうところはあるが、一文字一文字をていねいに教えようとしていることは伝わってくる。日本の子どもの識字率、学力は、こうしたていねいな教え方によって、飛躍的に向上

したことがわかった。

この斎藤先生が示してくれた本によって、わたしは書物をとおして教育実践を学ぶ方法を身につけ、それまでに、ずいぶん乱暴な教え方をしていたことを反省した。

当時のわたしの勤務校は小原国芳氏の「全人教育」の研究に傾倒していて、校長が小原氏の著作をわたしたちに勧めた。わたしも購入して、書物を通して、自らの実践をみがくようになった。

4 ことばの力をみがく

ことばの力が指導の源泉

教師は自分の指導を、主としてことばによって表現するから、そのことばの力をみがかなくてはならない。話が上手だと子どもたちにも好かれる。冒頭、朝礼台にその教師が立つと、子どもたちが私語をやめ、ニコニコ顔して集中する例をあげたが、その教師が話上手だからである。

反対に、子どもたちが嫌いなのは、第一に声が小さいこと、第二に抑揚やハリがなく暗いこと、以下、表情に豊かさがない、話がくどい、弁解が多いと続く。

教師の声は全員の子どもに聞こえるように、しかも、明瞭で明るいトーンで発せられなくてはならない。これが基本である。ついで、表情や手振り身振りの豊かさも重要で、とくに、笑顔の欠かせない職業である。

こうした表現力は、意識しないと高まらない。ときどき、自分の話を録音して聞いてみたり、大きな鏡の前で手振り身振りやいろいろな表情をつくったりして、それらが子どもたちにどのような印象を与えるか分析的に検討してみたい。そうした努力なしに、魅力ある話し方はできないだろう。

そのことを前提に、以下の、「教師の話術をみがくレッスン10」を読んでほしい。

教師の話術をみがくレッスン10

❶命令形ではなく勧誘形で表現する

教師の話術の基礎は子どもとの対話や会話にあるから、暇さえあれば、子どもたちと雑談し、おしゃべりを楽しむことを勧めたい。

しかし、教師は多忙であり、たえず時間に追われながら仕事をしているので、子どもたちと言葉をかわす余裕もなく、命令的・指示的にふるまいがちである。「静かにしなさい」「早くやりなさい」「ぐずぐずするな」……。

余談だが、この語法が教育現場に習慣化し、子どもに向かって命令や指示はできるが、話し合えない教師を増やしている。

教師の命令的な語法は子どもたちをいらだたせ、友だちにたいして、同じような口調によって接するようになり、攻撃的な人間関係をいっそう強める結果になる。

そこで、すぐにできることは、指示的・命令的な口調から勧誘話法に切り替えることである。たとえば、「早くやれ」ではなく、「早くやろうな」「早くやろうぜ」「早くやりましょうね」と誘ういい方に切り替える。こうすると、横並びの関係に立って、子どもたちの自発性にはたらきかける親しみのある表現にかわる。

❷注意事項は楽しいエピソードで話す

毎朝、職員のうちあわせ会で児童への注意事項が伝達される。たとえば、「掃除用具をていねいに扱うようご指導してください」と。学級担任はこの注意事項をメモし、教室へ行って「掃除用具をていねいに扱うこと。わかったか」と注意する。

だが、こんな注意のしかたで徹底するわけはない。楽しい話に仕立てて伝えるのである。

わたしの小学校時代、担任の先生がこんな話をしてくれた。

「先生が夜遅く教室の前の廊下を歩いていたら、教室のなかからだれかの泣き声が聞こえる。

そっと戸を開けてのぞいてみたら、ほうきが泣いていたんだ」

と、こわれたほうきを見せながら、

「見てくれ。このわたしのからだ。頭と胴体がばらばらだ。トホホホ」

と泣き真似してから、

「ほうきだって痛がっているんだ。かわいがってやろうな」

わたしたちは大笑いしたが、二度と掃除用具を乱暴に扱うことはなかった。こんなたわいのない話でも、子どもとはおもしろがって聞くものなのである。

このように、注意事項は楽しいエピソードにつくり直して伝えるのである。

❸善意で子どもをとらえる

遅刻する子どもがいる。時間を守らない子ども、規則を破る子ども、だらしのない子どもだととらえると、腹が立って叱りたくなる。しかし、「熱をおして遅れて学校に来たのではないか」「なにかわけがあって時間にはまにあわなかった。だが、がんばって登校してくれた」とみたらどうだろうか。

そうすれば、ちょうど長距離走で、一周遅れてゴールする子どもを拍手で迎えるように、

「よくがんばって学校に来てくれたね」と、ねぎらいの言葉をかけたくなる。

遅刻した子どもを「規則を破った子ども」とみるか、「遅れてまで学校に来てくれた子ども」とみるかのちがいである。

いま、なにごとによらず、後者のように、あくまでも善意を尽くして子どもをとらえることが望まれる。

❹かぎりなくやさしく接する

入院したとき、お医者さんが注射を打ちにやってきた。

「注射ですよ」とつとめて明るい声で告げる。いよいよ針を刺すところになって、

「ごめんなさいね。痛いですよ」

といいながら注射したのには驚いた。

注射は痛いにきまっているが、患者のためにしているのであって、医師が勝手に好きにやっているのではない。だから、なにも「痛い注射をしてごめんなさいね」と謝ることはないのである。にもかかわらず「ごめんなさいね」といいながら注射した。

これが医療現場の患者にたいする接し方である。人間にたいする共感的な、かぎりないや

さしさの話法である。ひるがえって教育現場はどうだろうか。あまりにも権力的ではなかろうか。

たとえば、「朝からいやな話で悪いが」と前置きして暗い話をするといった、やさしい気配りがあってもいいのではないだろうか。

日々の教師の言葉を吟味し、やさしい態度で子どもに接するようにしたいものである。

❺「ありがとう」という

講演会の最後に、多くの講師は「ご静聴を感謝します」といって降壇する。教師も、たまには、授業の終わりに「今日はみんないっしょうけんめい勉強してくれて、ありがとう」と、いってみたらどうだろうか。

教師の指導が上手に展開したのは、自分の力がすぐれていたからではない。子どもたちが協力してくれたからだ、ありがたいことだ、こう思える教師になるということである。

だが、「子どもは教師のいうことを聞くのがあたりまえだ」と思い上がっている教師にはいえないだろう。

教師の「ありがとう」は、子どもたちに、自分たちは人に感謝される存在なのだということとを教え、自尊感情を育てることにも役立つのである。

❻ほめ上手になる

子どもはほめて育てることだとわかっていても、どうほめたらいいか、なかなかに難しい実践である。

ほめるというと、なにか美辞麗句を連ねたり、気のきいた感動句を用いたりしなくてはならないと思いがちだが、そんなことはない。

子どもにとって、事実を認められることがほめられることなのだから、教師は事実を認めてやればいいのである。ノートいっぱいに課題をやってきたら「いっぱいやってきたな。がんばったな」。掃除当番をいっしょうけんめいやっていたら「いっしょうけんめい働いてるな」と笑顔で評価する。

もう一つはふつうであることがりっぱなのだという観点である。とくに、すぐれていなくとも、ふつうであることをほめるようにしたい。

これがほめ上手のコツである。

❼からだからアプローチする

掃除の手を休め、窓から階下を見下ろしている子どもがいる。こんな子どもをみると「なに、掃除をサボっているんだ」と頭ごなしに叱りたくなる。だが、一呼吸置いて、まず「からだの具合が悪いのではないか」とみるようにしたい。

子どもの行為・行動はすべて心からでているが、その心は、からだが生みだしたものである。

だから、子どもの問題行為・行動にでくわしたら、まず、からだをみ、つぎに心をみるのである。

では、この場合、どうするか。「どこか、からだの具合が悪いのか」と話しかける。子どもが「いえ、何でもありません」といったら、「それはよかった。じゃ、掃除をやろうな」と、勧誘形でうながす。

それでもぐずぐずと掃除に身が入らないようだったら、つぎに心をみる。

こうしたアプローチの方法は、宿題を忘れた子どもにたいしても同様で、「昨夜はからだの調子が悪かったので勉強ができなかったのではないか」と、まずみるということである。

❽長い話は聞かせる工夫をする

教師の話は長い。子どもたちは「この先生の話は長い」と思うだけで最初から聞こうとする意欲を失う。

そこで、話はなるべく短くする。一分間で、一つの概念を説明できるようにする。

しかし、長い話をする必要に迫られることもあるので、あきさせない工夫が必要である。工夫の第一は、笑いをとることである。笑いはＣＭタイムと考えればいいだろう。ＣＭタイムのない話は、現今の子どもたちを引きつけることはできない。

第二は、簡潔に話せるように、箇条書き話法を用いる。「これから三つの話をします。その一つは」と箇条書きのように話す語法である。ただし、小学校五年生でも三か条まで、時間にして計三分が限度である。

第三は、落語家が、長屋の大家さんと熊さんの二役をこなすような、一人芝居話法を用いる。話を具体化する方法でもある。

第四は、前の、こわれた掃除用具を示しながら話したような、物や図を見せながら話す具体物提示話法を用いる。聴覚だけでなく視覚にも訴えて話すということである。

❾脱線して「こわい話」をしてみる

いまの子どもは「こわい話」「臭い話」「エッチな話」が好きである。とりわけ「不思議な話」「怪談」といった「こわい話」が好きである。

授業も大切だが、たまには脱線して「こわい話」をしてみたい。教師とは、もっぱら「こわい話」で、その話術をきたえるものなのである。

どこの学校にも「七不思議」があるから、そんな話題をネタに脱線話を始めるといいだろう。話はうまくなくてもかまわない。子どもは「お化けの話」と聞いた瞬間に「こわーく」なるから、話は下手でも、けっこう聞いてくれるからである。

こわい話は、話の内容のこわさより、話ぶりのこわさがつくりだすものだから、声を潜めたり、囁いてみたり、ゆっくりしゃべったり、間を置いて気をもたせたり、突然「ギャーッ」と悲鳴をあげたりして変化をもたせる。「こわい話」ができるようになれば、話術に自信をもっていいだろう。

❿聞き上手になる

教師は、話すことに長けなければならないが、同時に、子どもの話を上手に聞けるようにならなくてはならない。

子どもの話を上手に聞くには、第一に、感情を聞く、第二は〈くり返しの技法〉を用いることである。

子どもが教室で騒いでいて、机の角にぶつかって、「痛いッ」と座り込んだような場合を想定してみよう。少なからざる教師は「どうしたの、どこが痛いの」と聞き、「教室のなかで騒ぐからぶつかるんだ。教室のなかでは騒いではいけないといってあるだろう」と叱ってしまう。

だが、この言葉は、あとで子どもに指導するときの言葉である。いま、痛がっている子どもに必要な言葉は、その痛いという感情をやさしく受けとめてくれる存在である。

そこで、「痛いッ」といったのだから「痛いの」とくりかえす。このくり返しは「先生はきみの痛さを受けとめているんだよ」ということを子どもに伝える、やさしさの語法である。

俵万智氏の短歌に「寒いねと話しかければ寒いねと答える人のいるあたたかさ」という作品がある。

「寒いね」と話しかけたら「寒いね」と答える、これが〈くり返しの技法〉だが、じつに、やさしい聞き方である。

以上、主として、〈指導としての話術〉をみがくレッスンの課題をあげた。それは、いま、いやいやながらいうことをきかせる管理的話法から、やろうとする意欲を引きだす指導的話法への切り替えが強く望まれているからである。

あとがきにかえて——

「教師にむだな経験はない」

パチンコ屋に行くな?

わたしは保護者か教師か、だれかはわからないが、教育委員会に密告されたことがある。

「夜、暴力団の家に出入りしていた」

「放課後、質屋の暖簾をくぐっていた」

「勤務時間中、飲み屋にいた」

そういう密告である。

しかし、これは、すべて事実であるから、密告されてもしかたがないとも思った。

こういう密告や投書は、いまも、しきりである。先日、ある教育委員会へ市民から投書がいった。

「教師が昼日中からパチンコをしていた」

教育委員会はあわてて校長を呼び集めて、「こういう投書がきた。けしからん教師がいる。厳重に注意せよ」といい、校長は教師たちに「パチンコ屋に行くな」と指示した。

この話を聞いて「ばかじゃないか」と思った。「教師の仕事がぜんぜんわかっていない」とも思った。教師の仕事に「パチンコ屋に行く」もあるからだ。

まず、教師がなぜ、パチンコ屋に入ってはいけないのか。教師が入ってよくない場所なら、パチンコの営業をさしとめるべきだ。市民の娯楽場は、教師の娯楽場でもある。だいたいパチンコ屋は、日本の国家権力たる警察によって堅く守られている場所である。そんなばかなことをいうと、いまに、警察に叱られるぞ!

ついで、なぜ、昼間、教師はパチンコ屋に入ってはいけないのか。いつ行こうと自由である。そんなことまでにいちいち干渉すべきではない。競馬・競輪・碁会所・マージャン屋、これとて同じである。山登りや釣りが高尚で、競輪・パチンコが下等だから教師はすべきでないということはない。

パチンコ人生とむきあう

では、勤務時間中だからパチンコ屋に入ってはいけないのか。勤務時間中に、遊びのために入るのはよくないが、仕事の目的があれば入ってもいいはずである。

わたしも勤務時間中、パチンコをしていたと密告されたことがある。

学年の子どもが問題をおこした。学級担任は研修のため指導できないというので、学年主任のわたしが指導することにした。母子家庭で、これまで学校に協力しない問題の多い母親だった。

放課後、家庭訪問したら、母親はいない。近所の人に聞いたら駅前のパチンコ屋にいるという。パチンコ屋に行ったらタバコを吹かしながら、はじいていた。

「やあ」と声をかけると、硬い表情になって、「まずいところ、みつかっちゃったね」という。

「そんなことはないよ。ぼくもきらいじゃないから」

みると、目下、大入りの真っ最中。

「すごいね。続けなさいよ。待っているから」

隣の席に腰掛けて待つことにした。この母親はじつに上手で、わたしも思わず興奮して、「入った、入った」と球入れのケースを運んでやったりした。

「先生、店員にいえば持ってくるんだから。悪いね」というから、

「上手だね。プロだね」と感嘆したら、

「これで食っているんだから」

そういいながら、一つかみのパチンコ球をわたしの台の皿に投げ入れて、「やってみなさいよ。先生も」という。

ここは遊ぶしかないと、わたしも「チンジャラジャラ」とはじめた。ところが、こういうときにかぎって、出る、出る、大当たり。母親もびっくりして、

「先生、うまいじゃないの。ほんとはパチプロじゃないの」

「あ、バレたか」

こうして、一時間くらい、時間を忘れて、二人で大当たりして、札止め。四十箱もゲットし、換金して大笑い。

「先生のおかげて、きょうはついた、ついた。つきの神様だね、先生は。またきてよ」

それから食堂に入り、「じつはね」と子どもの話になった。母親は話してくれた。

「わたしは学校なんか信用してなかったけど、今日の先生をみたら、信用できる。こんなばかな親につき合ってくれた先生はいなかったものね。これまで、パチンコで食っているといったら、先生たちはみんなばかにしたような眼でわたしをみた。中には『正業につきなさい』なんていった先生もいた。しかし、先生は違った……。

これは、だれにもいったことはないけど、わたしはパチンコの釘師の娘で、生まれてすぐに母親を亡くして、父親の手一つで育てられた。子どものころから、父親に連れられて全国のパチンコ店を渡って歩いた。学校にもろくに行ってない、パチンコ人生だったんです」

生い立ちを語ってくれた。切ない話で、思わず涙がでた。話を聞き終わると、「これから先生には協力するよ」と約束してくれた。

さまざまな経験を蓄積する

こういう親もいる。これはたまたまパチンコだったが、ともに酒を飲んで心を開き、意気投合することもある。

わたしは、このほかには、教師不信の「暴力団」「質屋」の保護者とも意気投合したことがある。暴力団だと、「昼間から暴力団の家に出入りしている教師がいる」となるが、暴力団の保護者の子どもの家庭訪問ならしかたないだろう。

教師はあらゆる手段を尽くして、子どものために働くものだからだ。

人とつきあうことは、教師にとって避けては通れない仕事である。教育は人とのかかわりの仕事だからだ。それゆえ、人との交わり能力が強く求められる。

だが、すぐにはうまくいかない。たとえば、暴力団の保護者とは、簡単には話し合えないだろう。話し合えるようになるには、教育にはかかわりのない、一見、むだと思えることを、機会に応じて、いろいろとやってみて、さまざまな経験を蓄積するしかない。

わたしは、たまたまパチンコを知っていたので、あの母親とも意思が通じあえた。「釘師」という言葉も違和感なく理解できたし、幼い子どもの手を引いた父親が、全国を渡り歩き、父親が釘をうち直す深夜の店先の一画で、眠りこんでいる幼子の姿も想像できた。

パチンコという経験があったればこそである。そういう、教育には一見関係のない見聞や経験が、かならず教師の人格を耕し、どこかでいつか、教育の役に立つものである。その意味では、教師にとって行住坐臥、すべてむだな経験はないのである。子どもたちの生活背景は無限だからである。

教育とはそういう世界なのである。そういう現場のことも知らずに、「けしからん」とはなにごとだ、と思う。

机の前に座って、命令すれば教育は成立するとでも思ったら大間違いである。

教師を守らない・守れない弱腰がめだつ

保護者や市民の教育への関心が深まり、あれこれと、その思いを教育委員会や校長にぶつけてくるようになったことは好ましい傾向である。

だが、そのなかには、理不尽な要求もある。

「わたしは夏休みがないのだが、教師にも夏休みはいらない」など、低いレベルに画一化するような声だ。そういう声にびくつき、「夏休みは学校で勤務しろ」などと、その声に屈した教育委員会もある。

行政や管理職の仕事の一つに、教師の仕事や生活を守るという一項がある。教師を守ろうともせず、理不尽な声といっしょになって、教師を責めたてるというのは、天に唾する行為というべきだろう。とくに、自分は、はるか後景に退き、鉄砲玉の飛んでこないところに逃げてから、教師を前方に押しだし、教師を犠牲にして、自らの安泰をはかるとは世も末である。

かつての行政は、

「パチンコ屋にいってなにが悪いんですか。生徒指導の仕事のなかには、パチンコすることだってあるんです」

「学校の子どもには、暴力団の子弟もいるんです」

「生徒が質屋に質入れすることもあるんです」

「夏休みには、先生方に、自由に心身を休め、見聞をひろめてもらおうと思っています」

と、教師の仕事の特殊性を話し、理解を求めてくれた。

わたし自身、そうやってずいぶんと守られてきたし、また、守ってもきた。

もう一度、教師の仕事のなんたるかを問いなおしたいものである。近年、行政や管理職は世間にたいして、あまりにも腰が引けている。主張すべきことは堂々と発言してもらいたい。

そうでないと、教師はますますいじけ、やせ細ってしまうだろう。教師がやせ細れば、教育が、指導がやせ細り、結局、子どもたちがやせ細ってしまうのである。

【著者プロフィール】
家本芳郎（いえもと・よしろう）
◉公立小学校、中学校で約30年、教師生活を送った後、研究活動に入る。長年にわたり全国生活指導研究協議会、日本生活指導研究所の活動に参加。2006年2月逝去。
著書として『ふたり読み』『CDブック　群読』『イラストでみる楽しい「授業」入門』（高文研）、『卒業式ハンドブック』（民衆社）、『忘れものの教育学』『しなやかな生徒指導』（学事出版）、『子育ての知恵』（教職員出版）、『学校劇選集1』『遊びの達人』（たんぽぽ出版）など、また編著書に『5分間でできる学級あそびベスト90』（たんぽぽ出版）、『保護者とのトラブルの解決のヒント80例』（ひまわり社）、『小学校　学級担任アイデアブック』（全3巻、民衆社）など、多数。

装丁●山田道弘
本文デザイン●菊池忠敬

寺子屋新書 007

〈教育力〉をみがく

発行日……2004年 9月20日　第1刷発行
2017年 2月 7日　第5刷発行

著者………家本芳郎
発行所……子どもの未来社
〒113-0033
東京都文京区本郷3-26-1 本郷宮田ビル4F
TEL03（3830）0027　FAX03（3830）0028
振替　00150-1-553485
E-mail：co-mirai@f8.dion.ne.jp

印刷・製本…株式会社シナノ

Printed in Japan　ISBN978-4-86412-119-4